Was möchte Schule im 21. Jahrhundert vermitteln? Sind übergroße Klassen, Notendruck, Bulimie-Lernen und ein dreigliedriges Schulsystem nach der Grundschule heutzutage noch zeitgemäß oder ist nicht eher ein Zugewinn an Gemeinschaftsgefühl, Begeisterung, Selbstverantwortung und Nachdenklichkeit zielführend?

Um die zukünftigen Herausforderungen einer globalisierten Welt als mündige Erwachsene mit einem lebendigen Herzen mit anpacken zu können, sollten Kindern und Jugendlichen jedweder Begabung im Schulalltag zunehmend gemeinsame Herausforderungen ermöglicht werden. So werden sie immer freudvoller und mutiger ihr Potential erfassen und sowohl Verantwortungsübernahme als auch die Vision des gemeinsamen Schulerfolgs am Ende der Schulzeit als bedeutende Erfahrung in sich verankern.

Die Autorin möchte mit ihrem Beitrag auf die Chancen eines aktiven, gemeinschaftlichen, vernetzten, reflektierten und damit nachhaltigen Lernens im Möglichkeitsraum Schule aufmerksam machen.
Das Buch beinhaltet ein detailliertes, evangelisch geprägtes Schulkonzept ab der 5. Klasse auf der Grundlage aktueller Bildungs- und Hirnforschung.

Für die

Kinder und Jugendlichen

der Gegenwart und Zukunft

Angelika Thomas-Photiadis

Schule neu erleben

… in der Aktiven Projekt-Schule

Ein zukunftsweisendes Schulmodell
im 21. Jahrhundert

Herstellung und Verlag: BoD - Books on Demand,
Norderstedt

7. Auflage, im Juli 2016
ISBN: 978-3-7357-8106-2

Fotos im Buch: Eigene Fotos und Fotos der APS-
Schnuppertage, Gruppenbild von Photodune Lizenz-Nr.
3327378

Inhalt

„Wo kämen wir hin, wenn jeder sagte:
Wo kämen wir hin
und niemand ginge, um zu sehen,
wohin wir kämen, wenn wir gingen."

Erich Fried

„Seid alle Zeit bereit, jedem Rede und
Antwort zu stehen, der nach der Hoffnung
fragt, die euch erfüllt!" *1 Petr. 3,15*

... und Fragen, die wir uns heute zum schulischen Lernen stellen können

Bevor meine Schülerinnen und Schüler im Juli 2012 ihren qualifizierenden Hauptschulabschluss erfolgreich absolvieren sollten, bestellten sie sich gemeinsam ein Abschluss-T-Shirt mit dem Aufdruck: *How I got my abschluss* - abgewandelt aus der populären amerikanischen Jugendserie *How I met your mother.*

Ich bat um Mitbestellung eines weiteren Abschluss-Shirts, weil ich mich entschlossen hatte, die reformpädagogische Privatschule zum Ende des Schuljahres zu verlassen. Ich wollte Schule noch einmal ganz neu denken. Anfangs war ich etwas irritiert ob des Textaufdruckes auf dem Shirt, bis mir klar wurde, dass es eben nicht nur um den Schulabschluss geht, den wir erfolgreich meistern, sondern vor allem um den Weg dorthin.

Spielt dieses „Wie" aber wirklich eine herausragende Rolle in der Schule der Gegenwart? Welchen Stellenwert misst Schule aktuell noch der Förderung der Kreativität und Empathie unserer Kinder und Jugendlichen bei?

Nehmen wir den jungen Menschen mit der gegenwärtigen Schulstruktur durch stete Benotung von Leistung nicht eher die Lust am Lernen, am Entdecken und an der Aneignung von Fähigkeiten? Kann Schule überhaupt gelingen, wenn spätestens in der weiterführenden Schule sogenanntes *Bulimie-Lernen* Grundanforderung ist?

Sollte Schule nicht angesichts rasanter Veränderungsprozesse überall auf der Welt ganz anders gedacht und gelebt werden? Sollte es uns heutzutage nicht vielmehr um einen Zuwachs an lebendiger Eigenverantwortung und gesunder Nachdenklichkeit gehen? Über die Beziehung zu sich selbst und zu den Menschen untereinander, zur Umwelt, zu den Dingen, den Möglichkeiten und vor allem auch Grenzen in uns und um uns herum?

Geht es nicht um die Entwicklung eines inneren Bezugspunkts für das Denken und Handeln, um gesellschaftliche Verantwortung und darum, in einer verwirrenden äußeren Welt eine innere Heimat zu finden, - in einer

Welt, in der Macht, Geld und Status, rasante Taktfolgen, unermessliche Suchtangebote und Beliebigkeit statt Beziehungskompetenz vorherrschen?

Kann und soll Schule nicht ein Platz der Weiterentwicklung sein – für Kinder und Jugendliche, PädagogInnen und Eltern? Wo Raum ist auch für innere bzw. religiöse Erfahrungen, um die Grenzen unserer Sprache zu erweitern?[1]

Ein Platz, an dem das Austesten der eigenen Möglichkeiten und Grenzen immer wieder neu angestoßen und miteinander reflektiert wird?

Ein Ort, an dem alle Beteiligten einen Möglichkeitsraum schaffen, der leidenschaftliche und kreative Entwicklungen anbahnt? Wo nicht der Rotstift, sondern der Blick auf die Ressourcen eines jungen Menschen entscheidend sein sollte?

Das Ihnen vorliegende Buch stellt ein evangelisches Gemeinschaftsschulangebot vor, das die aktuelle weiterführende Schul- und Bildungslandschaft für Kinder und Jugendliche der Gegenwart und Zukunft ab der 5. Klasse um einen wesentlichen Mosaikstein vervollständigt.

Dabei sind diejenigen jungen Menschen eingeladen, in dieser Schulart zu lernen und zu arbeiten, die neue Möglichkeiten kreativen, gemeinsamen und vor allem reflektierten Lernens suchen und die sich wie ihre Eltern wünschen, dass Schule neben dem Erwerb von Fachwissen, vor allem einen inspirierenden Erfahrungsraum bietet, wo sie ihr ihnen innewohnendes Potential erkennen und möglichst weit entfalten können.

Viel Freude beim Lesen wünscht Ihnen
Ihre

Angelika Thomas-Photiadis,
im Juli 2016

---

[1] nach Sölle, Dorothee (2013): Leiden. Annehmen und widerstehen, S. 15.

1. Überblick

„Unsere moderne Gesellschaft steht vor der Herausforderung, eine nachhaltige und ressourcenschonende Gemeinschaft zu entwickeln, die das soziale und wirtschaftliche Leben mit zunehmender Eigenverantwortung und Potentialentfaltung des Einzelnen in vernetzten Gruppen ermöglicht."[2]

Diese Erkenntnis fordert gerade im Lern- und Arbeitsfeld *Schule* ein Umdenken, auch unter Berücksichtigung der neuen Herausforderung Inklusion[3].

Forschungsergebnisse aus der aktuellen Hirn- und Lernforschung sprechen für eine Vernetzung von unterrichtlichem Lernen, für eine höhere Partizipation und eine Weiterentwicklung der Lern- und Arbeitsformen im 21. Jahrhundert.

Dabei bietet die Schulform *Mittelschule* im Sinne einer Gemeinschaftsschule hervorragende Rahmenbedingungen für ganzheitliches, fächerübergreifendes und berufsorientiertes Lernen ab der 5. Klasse. Denn „nicht für die Schule, sondern für das Leben lernen wir!"[4]

Die Aktive Projekt-Schule strebt deshalb überwiegend erlebnisorientiertes und, wenn möglich, selbstbestimmtes Erfahrungslernen an. Sie will ihre Lernenden fit für das Leben machen und weiß, dass es viele Wege zu einem angestrebten höheren schulischen und beruflichen Ziel gibt. Daher besuchen Schülerinnen und Schüler[5] mit verschiedener Begabung und mit individuellen Bedürfnissen die Aktive Projekt-Schule.

---

[2] nach Eberhard Frey

[3] Forderung der UN-Menschenrechtskonvention für Menschen mit Behinderungen, Art. 24

[4] *Non scholae, sed vitae discimus* (Seneca)

[5] Der Begriff „Schülerinnen und Schüler" wird im Weiteren durch „Lernende/n" oder „junger Mensch/junge Menschen", „junge Heranwachsende" oder „Kinder und Jugendliche" abgelöst – Bezug hierzu unter Kap. 4.6

Der Unterricht an der APS besteht aus den folgenden drei Bausteinen:

1. Aktives Lernen	2. Projekt- orientiertes Arbeiten	3. Konzentriertes Lernen

Die jungen Menschen lernen in altersheterogenen Gemeinschaften entsprechend ihrer individuellen Entwicklung:

In Sekundarstufe I: Jahrgangsstufen 5, 6 und 7

In Sekundarstufe II: Jahrgangsstufen 8, 9 und 10

Die verschiedenen Lernfelder erschließen sich die Kinder und Jugendlichen durch eigene Fragestellungen und Impulse der Lehrkräfte und beantworten diese im Rahmen von Teamprojekten von Ferien zu Ferien. Dabei müssen die Lernenden in ihren Projekten den Aspekt eines zukunftsfähigen Handelns in einer globalisierten Welt betrachten und reflektieren.

Die Lehrkräfte[6] und Lernenden verknüpfen die Fachthemen des bayerischen Lehrplans mit den Projekten und erstellen dazu für jeden Lernenden weitgehend persönliche Projektlernpläne[7]. Zudem bereiten sie durch Lehrimpulse[8] die jeweiligen Fachthemen auf und halten Lernmaterial bereit, so dass die Kinder und Jugendlichen der APS die eigenen Fragen und Impulse im weiteren Lernprozess eigenständig bearbeiten und vertiefen können. Die Lern-/bzw. Projektpläne werden von den jungen Menschen sowohl im Rahmen der weiteren Projekt- und konzentrier-

---

[6] werden im Weiteren, wie die pädagogischen Begleitkräfte, in der Regel Lernbegleiter (berater) genannt - meint auch immer die weibliche Form „Lernbegleiterin bzw. -innen".

[7] Es wird bewusst auf den Begriff *Förderplan* für Kinder mit besonderen Bedürfnissen verzichtet, weil dies nicht unserem Verständnis von Inklusion entspricht. Kinder mit besonderen Bedürfnissen erhalten daher ebenso ihren Fähigkeiten entsprechende Projektlernpläne.

[8] Lehr- und/oder Lernimpulse bedingen einander und sind im Weiteren immer in beiden Bedeutungen zu verstehen.

ten Lernzeiten, als auch zu Hause oder am Nachmittag im Rahmen der offenen Ganztagsschule bearbeitet. Diese neue Methodik des *fächerübergreifenden Vernetzens des Lehrplans mit eigenen Themen unter Berücksichtigung des Aspektes Zukunftsfähigkeit mithilfe von Projekten*[9] zielt auf ein motivierendes, potentialentfaltendes und nachhaltiges Lernen.

In der APS erwerben Kinder und Jugendliche neben Fachwissen auch zukunftweisende Schlüsselkompetenzen. Diese sind vor allem:

- Team- und Organisationsfähigkeit
- Verantwortungsbereitschaft für sich und andere
- Reflexionsfähigkeit (insbesondere zu wirtschaftlichem, ressourcenschonendem und sozial gerechtem Handeln)
- Fähigkeit, sich neues Wissen selbstständig anzueignen[10]
- Flexibilität
- Hohe soziale Kompetenz[11]
- Emotionale Intelligenz[12]

Ein junger Absolvent der APS wird fähig sein, seinen Platz innerhalb wechselnder Teams zu finden und einen konstruktiven Beitrag für das Gemeinwohl im Sinne des

---

[9] nach Angelika Thomas-Photiadis

[10] in ihren jeweiligen Möglichkeiten

[11] Soziale Kompetenz, „häufig auch *Soft Skills* genannt, ist die Gesamtheit individueller Einstellungen und Fähigkeiten, die dazu dienlich sind, eigene Handlungsziele mit den Einstellungen und Werten einer Gruppe zu verknüpfen und in diesem Sinne auch das Verhalten und die Einstellungen dieser Gruppe zu beeinflussen. *Soziale Kompetenz* umfasst eine Vielzahl von Fertigkeiten, die für die soziale Interaktion nützlich bzw. notwendig sind." Aus: http://de.wikipedia.org/wiki/Soziale_Kompetenz vom 10.05.2015

[12] „Mit emotionaler Intelligenz werden eine ganze Reihe von Fähigkeiten und Kompetenzen beschrieben, wie z.B. Mitgefühl, Kommunikationsfähigkeit, Menschlichkeit, Takt, Höflichkeit u.ä. Johann Wolfgang von Goethe sprach von "Herzensbildung". Aus: http://www.zeitzuleben.de/2112-emotionale-intelligenz/ vom 10.05.2015

Artikels 131 des Bayerischen Verfassungsgesetzes zu leisten.

Mit dem Fokus auf ganzheitliches Lernen in einer heterogenen Gemeinschaft, achtet die APS bewusst auf die Körperwahrnehmung.

In einer Lebenswelt, in der sich Kinder und Jugendliche heute in ihrer Freizeit oft sitzend oder liegend stundenlang mit technischen Medien beschäftigen, bewahrt eine bewusste und tägliche Förderung durch gemeinsame körperliche Aktivitäten die zukünftige Generation vor dauerhaften Fehlhaltungen und Haltungsschäden. Ebenso wird durch die verschiedenen körperaktivierenden Methoden die geistige und seelische Stabilität der jungen Menschen gestärkt.

Der jahrgangs- und fächerübergreifende Unterricht in den Klassenstufen 5 bis 7 und 8 bis 9/10 mit M- und M/R-Zug[13] orientiert sich hier am bayerischen Lehrplan für Haupt- bzw. Mittelschulen und führt am Ende des 9. und 10. Schuljahres mittels einer frühzeitigen und professionellen Prüfungsvorbereitung ihre Lernenden - als Team denkend und handelnd - zum erfolgreichen, qualifizierenden Hauptschul- und Mittleren Bildungsabschluss.

Da das pädagogische Konzept auf individuellen Projekt-Lernplänen und Zielvereinbarungen beruht und neue Erkenntnisse aus der Forschung mit einbezieht, wird von einer höheren Lernbereitschaft und Leistungsfähigkeit der Lernenden ausgegangen, sodass wir, sobald eine Teilung möglich ist, keinen einheitlichen R-Zug vorhalten werden, da wir mehr starke als leistungsschwächere Lernende erwarten. Daher nennt die APS diesen Zug *M/R-Zug* bzw. „Schnittstellenzug", wo für die Kernfächer bei Bedarf auch Lernmaterial des R-Zuges bereitgehalten wird, ebenso wie Arbeits- und Lernmaterial für Kinder mit körperlicher und geistiger Einschränkung.

Interessierte und motivierte Jugendliche werden zudem ab der 8. Klasse mit Prüfungsinhalten der Realschule

---

[13] M/R-Zug: Mittlere Reife- und Regel-Zug

und in der 10. Klasse mit maßgeblichen Inhalten der Fachoberschule vertraut gemacht. Somit lassen sich später sämtliche höhere Bildungsabschlüsse erreichen, so dass die APS auch eine Alternative für Kinder ist, die ansonsten auf ein Gymnasium oder eine Realschule gehen würden.

Aufgrund dieses konzeptionell einzigartigen Unterrichtsalltages und des vernetzten Lernens hat die APS Modellcharakter.

Das vorliegende Gesamtkonzept versteht sich für die Gründer, Vorstände und zukünftigen Lernberater bzw. -begleiter der APS als praxisnahe Handlungsanweisung, auf deren engagiertem und selbstkritischem Fundament die praktische Verwirklichung desselben beruht.[14]

Für interessierte Eltern, Stifter, Sponsoren und gemeinwohlorientierte Investoren dient das vorliegende Buch als ausführliche Informationsbroschüre, um den Kern desselben besser kennenzulernen.

Themenbereiche, die sich an anderer Stelle mehrmals im Konzept wiederfinden, sind bewusst als Vertiefung einzelner Schwerpunkte der APS zu verstehen.

2. Das evangelische Profil

Die Aktive Projekt-Schule ist eine evangelische Gemeinschaftsschule mit einem besonderen pädagogischen Konzept. Das bedeutet, dass sie keine konfessionell gebundene Schule ist. Dabei steht in der heterogenen Lerngemeinschaft die Herzensbildung im Vordergrund allen Handelns.

Wir ankern unsere Werte und unser Leitbild maßgeblich an den Leitsätzen der Artikel 131, 135 und 136 der Bayri-

---

[14] Aloys Fischer: „Sinnvolle Führung aber setzt die Feinfühligkeit für die Bedürfnisse auch der Abhängigen voraus und den ehrlichen Willen, ihnen gerecht zu werden."

schen Verfassung: Schule soll nicht nur Wissen vermitteln, sondern insbesondere Herz und Charakter bilden.

Die obersten Bildungsziele, die auch zentral im Schulgebäude visualisiert werden, um sie immer im Blick zu haben, sind für alle am Schulsystem Beteiligten immer im Fokus des Denkens und Handelns und werden auch im Schulalltag über die Unterrichtsbausteine gelebt und vernetzt.

Dabei sind uns die christlichen Werte bzw. Ziele besonders wichtig für unsere Schulgemeinschaft:

- Achtung vor Gott, bzw. vor dem was größer ist als wir,
- Friedfertigkeit und das Streben nach Gerechtigkeit,
- Aufrichtigkeit, Achtsamkeit und Verantwortungsbewusstsein im Umgang mit mir und meinem Nächsten,
- Bewahrung der Schöpfung im Sinne eines sich zunehmend entwickelnden Verantwortungsbewusstseins für Natur und Umwelt,
- Vielfalt leben und das Herz bilden,
- Mut zur Religion im theoretischen und praktischen Sinne.

Täglich pflegt das pädagogische Team mit den jungen Menschen diese Werte und schafft voller Selbstvertrauen Raum für religiöse bzw. spirituelle Erfahrungen.

Der schulische Alltag an der APS soll nämlich immer auch innere Erfahrungen ermöglichen und hierdurch die jungen Menschen in ihrer Wahrnehmungsfähigkeit und ihrem Rückbezug auf eine Kraft, die größer ist als sie, stärken.

Denn „Ein Gebet, ein Song, *(scheinbar)* zwecklose Gebärden wie das Anzünden einer Kerze, das Weitergeben von Brot, ... – das sind Dinge, die sehr leicht, schon durch ein spöttisches Lächeln, zerstörbar sind und bei denen der Intellektuellere, ... sein leichtes Spielchen hat."[15]

An der evangelischen Gemeinschaftsschule sind also Kinder und Jugendliche jeder Schulart von der 5. bis zur 10. Klasse mit und ohne religiöse Prägung willkommen. Bedeutend ist, ob sie und ihre Eltern für das aktive und projektorientierte Lernen und für die evangelische Rahmung unserer innovativen Schule aufgeschlossen sind.

Das besondere pädagogische Konzept wird von der Schulgemeinschaft getragen.

Zu ihr gehören:

- die aktiven Kinder und Jugendlichen (= Lernende),
- die mitverantwortlichen Eltern,
- die engagierten und reflektierten haupt- und nebenamtlichen Mitwirkenden,
- der koordinierende Schulträger „Evangelischer Schulverein Rosenheim e.V.",
- der Förderverein „Aktive Projekt-Schule Rosenheim und Umgebung e.V.",
- das Dekanat und die evangelische Kirchengemeinde
- andere Institutionen, die am Schulleben mitwirken.

Aktive und zunehmend sich selbst bewusste Kinder und Jugendliche arbeiten dabei miteinander in handlungsorientierten und kreativen Projekten, die sie mit dem Lehrplan und stets auch mit religiösen und ethischen Fragestellungen verbinden.

Hierdurch erfahren sie die Gemeinschaft als tragfähiges Fundament. Über den wöchentlichen und den Vertiefung gebenden Religionsunterricht hinaus, gelingt es an der APS durch die täglichen Stille-Rituale, den bewegten Morgengruß und die Vernetzung der Projekte mit religiösen Fragestellungen, den Lernenden den Glauben an Gott

---

[15] Sölle, Dorothee (1977): Die Hinreise. Zur religiösen Erfahrung Texte und Überlegungen, S.31.

und Jesus Christus als eine starke und lebendige Kraft zu ermöglichen und täglich ganz bewusst innezuhalten und sich darauf zu beziehen.

Die Herzensbildung und eine lebendige Spiritualität haben dabei wie schon erwähnt, eine zentrale Bedeutung neben den weiteren Erziehungs- und Bildungsaufgaben.

An der APS zeigt sich das evangelische Profil auch in der Ausgestaltung des Schullebens in Form von Angeboten zum gemeinsamen Beten, freudvollem und lebendigem Gesang und bei Andachten und Gottesdiensten.

Eine ökumenische Zusammenarbeit mit anderen christlichen Kirchen ist dabei selbstverständlicher Bestandteil.

Zudem sorgt der *bewegte Morgengruß* mit seinen verschiedenen Bewegungsangeboten aus verschiedenen Kulturkreisen (z.B. Qi-Gong und Yoga) neben den fächerübergreifenden Projekten für einen interreligiösen Bezug und Dialog.

Im Rahmen der offenen Ganztagesschule sollen die jungen Menschen der Klassen 5/6 bis 7 am Nachmittag auch soziale und mit der evangelischen Kirche vernetzte Projekte durchführen, bei denen sie den diakonischen Auftrag zur Nächstenliebe erfahren und reflektieren können.

3. Die pädagogischen Ziele der APS

Die Aktive Projekt-Schule verfolgt drei zentrale pädagogische Ziele. Diese finden sich in den drei Unterrichtsbausteinen wieder und bilden sich im Logo der Schule ab.

Aktive und selbstständige junge Menschen arbeiten kontinuierlich und gemeinsam in fächerübergreifenden Projekten. Am Ende ihrer Schulzeit schreiben sie aufgrund der gemachten Erfahrungen in den Projekten gemeinsam erfolgreiche Schulabschlüsse und gehen in für sie passende Berufsausbildungen.

Die Farbgebung[16] der einzelnen Buchstaben verstärkt farbpsychologisch den jeweiligen Inhalt.

A wie Aktivität: steht sowohl für Bewegung, Wahrnehmung und Achtung von Körper, Seele und Geist, als auch eine engagierte Grundhaltung.

Die Farbe *Grün* wirkt beruhigend und steht für Gesundheit, Hoffnung und Natur.

P wie Projekte: bedeutet sowohl vernetztes und ganzheitliches Lernen, als auch Einüben zahlreicher Kompetenzen in fächerübergreifenden Projekten.

Die Farbe *Orange* steht für Optimismus, Zusammenhalt, Kreativität und Lebensfreude.

S wie Schulabschlüsse: meint das Erreichen von erfolgreichen Schulabschlüssen an der APS.

Dabei werden Fachthemen - angelehnt an den jeweiligen Lehrplan - mit den individuellen Projekten vernetzt und die Lernenden zu einer frühzeitigen und intensiven Prüfungsvorbereitung angeleitet. In den konzentrierten Lernphasen setzen sich die Jugendlichen auch ab Klasse 8 mit den Prüfungsschwerpunkten der Schulart auseinander.

Die Farbe *Rot* signalisiert Anstrengungsbereitschaft, Standhaftigkeit und Auseinandersetzung; sie drängt zur Entscheidung. Zudem steht die Farbe *Rot* für Mut und Kraft, sich auch in schwierigen Situationen zu behaupten.

Den Beinamen **aktiv** im Schulnamen tragen wir, weil bei uns zum einen „das Lernen nicht passiv mittels Beleh-

---

[16] in den Ampelfarben: Grün - Orange - Rot

rung stattfindet (das erzeugt lediglich „träges" Wissen, das schnell wieder vergessen wird und kaum noch reaktivierbar ist)", sondern in einem aktiven Prozess geschieht, „der von den Kindern selbst gesteuert wird."

„Zum anderen verstehen wir unter **aktiv**, sich viel zu bewegen und sich somit in körperlicher und geistiger Hinsicht „fit" zu halten. Schließlich meinen wir mit **aktiv** auch, Mitsprache zu haben, Verantwortung auch für das Schulleben zu übernehmen und seine eigene Meinung zu vertreten; dies gilt für Schüler/innen, Lehrer und Eltern oder weitere Schulbegleiter in gleicher Weise.

Eltern, Schüler und Lehrer sind also aufgefordert, sich in diese Schule einzubringen und diesen Lebensraum in einem demokratischen Prozess mitzugestalten."[17]

3.1   Soziale Kompetenz, politische und religiöse Bildung und gesundheitsfördernde Bewegung

Der erste Unterrichtsbaustein an der APS schafft den Rahmen, dem sich alle am Schulsystem Beteiligten verpflichten.

Jeder entwickelt hier entsprechend seiner Möglichkeiten seine Fähigkeit, mit sich und seinem Nächsten achtsam umzugehen. Dies verlangt Rücksichtnahme, Höflichkeit und die Offenheit für das Anderssein des Gegenübers. Jeder bringt sich in die Gemeinschaft ein und entwickelt die Bereitschaft, sich selbst ebenso wie den anderen anzunehmen. Alle Beteiligten lernen an der APS, im Team zu denken und zu handeln, als auch sich für die Gemeinschaft einzubringen.

Eine besondere Herausforderung stellt das Zusammen-Lernen und -Arbeiten mit Kindern mit sicht- und hörbaren Beeinträchtigungen dar. Es verlangt ein beson-

---

[17] Auszug aus dem Schulkonzept von *freilernen e.V. und: Spitzer, M.* (2002): Lernen. Gehirnforschung und die Schule des Lebens.

deres Maß an gegenseitigem Respekt und Achtung, bis über die wiederkehrende Konfrontation von „Störungen" im Sinne Ruth Cohns[18] eine wertschätzende und stabile Klassengemeinschaft zusammenwächst.

An der APS spielt die politische und religiöse Bildung eine bedeutende Rolle und stellt die Mündigkeit und Herzensbildung der Lernenden in den Vordergrund.

Die Lernenden diskutieren jeden Morgen über die Themen aus aller Welt in der Gegenwart und gegebenenfalls auch mit Rückbezug auf die Geschichte. Hierbei spiel(t)en oft auch die verschiedenen Religionen eine mitunter problematische Rolle. Daraus gewonnene Erkenntnisse beziehen die jungen Menschen in ihren Schul- und Lebensalltag ein und erkennen demokratische Grundprinzipien.

Alle am Schulsystem Beteiligten achten über die Projekte hinaus auf ein ressourcenschonendes Verhalten. Die Lernbegleiter stoßen hierzu immer wieder Reflexionen an.

Ethische Themen, wie zum Beispiel die Übernahme von Verantwortung für sich und andere, die Vermittlung von Werten und das Pflegen von gemeinsamen Ritualen, haben jeden Morgen im Rahmen des Faches Lebenskunde zudem einen wichtigen Stellenwert an der APS.

Die tägliche gesundheitsfördernde Bewegung ist im Rahmen einer mindestens viertelstündigen Bewegungseinheit an der APS verbindlich. Sie hält die Lernenden als auch ihre Lernbegleiter lebendig, beweglich, fröhlich, mutig, offen und gesund. Zusätzlich sorgen im Tagesverlauf weitere kurze Bewegungselemente und Stille-Phasen für neue Energie, wenn Ermüdung und Belastung sichtbar werden. Dies wird noch im Punkt 5.3.3 und 5.3.9 ausführlich erläutert.

---

[18] „Störungen haben Vorrang" - siehe Kap. 4.5.5

3.2 Partizipatives und fächerübergreifendes Lernen in Projekten

An der Aktiven Projekt-Schule lernen und arbeiten die Kinder und Jugendlichen an allen Schultagen in jahrgangs- und fächerübergreifenden Projekten.

In der Regel sind die Lernenden im Sinne der Partizipation[19] zunehmend in die Projektentwicklung eingebunden. Anfangs werden die Projekte von den Lernbegleitern durch Projektimpulse angeregt. Später entwickeln die jungen Menschen zunehmend eigene Projektideen. Den Aspekt „zukunftsfähiges Handeln" beziehen sie bei der Planung und Durchführung ihrer Projekte ein.

Die Lernbegleiter unterstützen die Lernenden zusätzlich mit Hilfe von weitgehend individuellen Lernplänen. Jahrgangsspezifische Fachthemen werden hier mit den Projektideen und -plänen verbunden. Am Ende Ihrer Schulzeit an der APS verfügen die Jugendlichen über vielfältige Schlüsselkompetenzen und über entscheidende Kenntnisse und Fertigkeiten zur Erreichung erfolgreicher Abschlüsse. Diese Art des vernetzten Lernens gibt es in dieser Form noch nicht.

Um die zukünftigen Generationen auf die Herausforderungen von Partnerschaft, Elternschaft mit Säuglingspflege und Erziehung eigener Kinder gut vorzubereiten, sollen an der APS auch Projekte mit diesen Themenschwerpunkten Raum haben.

---

[19] http://www.kinder-beteiligen.de/dnld/philosophieundpadagogikderpartizipation.pdf vom 11.08.2015

3.3 Konzentrierte Lernphasen und frühzeitige Prüfungsvorbereitung

Die Aktive Projekt-Schule reagiert bewusst auf die Vielzahl an virtuellen Ablenkungen, welchen die Jugend heute begegnet. Denn je „mehr es in der Welt unserer Kinder und Jugendlichen >>piept, twittert und livetickert<<[20], umso wichtiger wird es, die Kunst zu beherrschen, sich vor solchem Aufmerksamkeitsraub zu schützen."[21]

Im Bewusstsein dieser von Medien *durchfluteten* Welt, erhalten die jungen Menschen täglich mittels Stille-Ritualen und Konzentrationsübungen Hilfestellungen an die Hand. Sie erleben neben dem projektorientierten Lernen auch konzentrierte Lernphasen (KL) zwischen 45-90 Minuten. Den täglichen Wechsel dieser unterschiedlichen Lern- und Arbeitsformen erfahren sie als angenehm und für ihre individuelle Entwicklung wesentlich.

Das kontinuierliche Vertiefen der Konzentration führt die Kinder und Jugendlichen der APS nicht nur zu mehr innerer Zufriedenheit, sondern bereitet sie hervorragend auf die ganz alleine zu bewältigenden externen Prüfungen vor. Dort müssen sie die an sie gestellten Anforderungen mit hoher Konzentration in einer neuen Umgebung erfolgreich absolvieren.

Die innere Sicherheit, Prüfungen zu bewältigen, erhalten sie zum einen durch die regelmäßigen Projekte[22] nebst deren Präsentation und Dokumentation und zum anderen durch regelmäßige Lernkontrollen und eine frühzeitige Prüfungsvorbereitung. Hier wird sowohl im Team die Struktur des jeweiligen Prüfungsfaches eingehend besprochen und regelmäßig Übungsprüfungen durchgeführt, als

---

[20] So der ZEIT- Journalist Henning Sußebach- siehe ZEIT- Artikel vom 11.04.2013

[21] ZEIT- Artikel vom 11.04.2013: „Schule kann mehr" von Thomas Kerstan und Martin Spiewak

[22] Vergleiche Quali- und M10-Prüfungen für die BoZ-Fächer Wi,So,Te mit AWT

auch im individuellen Nachgespräch die Ergebnisse mit Prüfling, Lernbegleiter und Eltern ausgewertet.

4. Grundlegendes zur Aktiven Projekt-Schule

Im Mittelpunkt allen Handelns stehen die Persönlichkeit des jungen Menschen und dessen Bildungsprozess mit seinem ihm zur Verfügung stehenden Potential.

Der junge Mensch arbeitet und lernt hier sowohl als mündiger und freier Mensch in der Schulgemeinschaft, als auch individuell in der konzentrierten Lernzeit (KL), in gebundenen Unterrichtsphasen und zu Hause unter Einsetzung seiner Talente mithilfe von Projekt-Lernplänen an den Lehrplanthemen seiner Jahrgangsstufe.

Im Rahmen der letzten Stunde der Schulwoche gibt es die „Aufgaben des täglichen Lebens", wo die Lernenden mit dem pädagogischen Team gemeinsam ihre Schule reinigen und die Blumen pflegen.

4.1 Das Menschenbild

Das Menschenbild ist an der APS christlich geprägt. Dabei stehen der Grundsatz der Würde des Menschen, der Leitgedanke des Menschen als eigenständiges Wesen, der zur Freiheit berufen ist, Toleranz und Gewaltfreiheit als auch der feste Glaube an die Selbstbildungsfähigkeit des Menschen, unter Zuhilfenahme seiner schöpferischen Kräfte, im Mittelpunkt des Denkens und Handelns.

Laut Carl Rogers hat jeder Mensch „eine zielgerichtete Tendenz zur Ganzheit, zur Verwirklichung seiner Potentiale.[23] Die Mitwirkenden der APS sehen gerade durch die aktive Beteiligung der Kinder und Jugendlichen - im Gedanken der Partizipation, wie sie schon in der Kinder- und

---

[23] Rogers, Carl: Der neue Mensch, 1983.

Jugendhilfe festgeschrieben ist - eine große Chance, kreative und potentialentfaltende Wirkungskräfte bei den Lernenden freizusetzen.

Dabei meint der Begriff *Potentialentfaltung* an der APS die möglichst breite Entfaltung der jedem Menschen innewohnenden Fähigkeiten und Gaben, unter Berücksichtigung der Rechte und Grenzen seiner Mitmenschen und Umwelt.

4.2 Inklusion von Kindern und Jugendlichen mit besonderen Bedürfnissen

Die UN-Konvention über die Rechte von Menschen mit Behinderungen trat am 26. März 2009 in Deutschland in Kraft mit der Konkretion derer gleichberechtigter Teilhabe am gesellschaftlichen Leben. Die UN-Konvention behandelt explizit die Durchsetzung von allgemeinen Menschenrechten und fordert den Umbau zu einer *Inklusiven Gesellschaft*. Dies beinhaltet auch das Recht auf ein *Inklusives Schulsystem*.[24]

Der Begriff *Inklusion* ist in Deutschland bereits etabliert und wird meist als optimierte und erweiterte Integration von Menschen mit besonderem Bedarf verstanden.

Das bedeutet auch für die APS:[25]

- Konsequente Bildung von integrativen Strukturen: keine Selektion nach „integrierbaren" und „nicht integrierbaren" Kindern.

- Jeder Mensch ist als wertvoller Teil der Gemeinschaft willkommen.

---

[24] Vergleiche: Artikel 24 – Bildung UN-Behindertenrechtskonvention und http://de.wikipedia.org/wiki/UN-Behindertenrechtskonvention#Inklusive_Bildung.2C_Artikel_24 vom 30.04.2015

[25] weitgehend übernommen aus dem Konzept der Privaten Grundschule Oberaudorf-Inntal.

- Das Vorhandensein von hoher Fachlichkeit durch Inklusionshelfer und konduktive Förderung[26] am Nachmittag ermöglicht die erfolgreiche Integration von Kindern und Jugendlichen mit besonderem Unterstützungsbedarf im Schulalltag.

Inklusion an der APS ist nicht nur eine Zusammenführung von Personen und Gruppen, sondern eine Anerkennung von Individualität in der Gemeinschaft, eine „Akzeptanz der Verschiedenheit."[27]
Inklusion bedingt überhaupt eine „Pädagogik der Vielfalt":[28]

- Inklusion setzt bei der ganzen Klasse an; dabei werden spezielle Bedürfnisse und Fähigkeiten aller Schüler ernst genommen.

- In jeder Klasse gibt es Unterricht auf mehreren Niveaus. Es muss nicht im gleichen Schritt und Tritt gelernt werden.

Wichtigste Voraussetzung, um inklusive Strukturen und Methoden zu etablieren und zu entwickeln, ist nach dem „Index für Inklusion – eine Möglichkeit zur Selbstevaluation für alle"[29] die Schaffung inklusiver Kulturen:
Dies verlangt den „Aufbau einer sicheren, akzeptierenden, zusammenarbeitenden und anregenden Gemeinschaft, in der **jede/r** geschätzt wird, so dass alle Lernen-

---

[26] nach András Petö:
http://de.wikipedia.org/wiki/Andr%C3%A1s_Pet%C5%91 vom 30.04.2015. Eine Behinderung wird in der Konduktiven Förderung als Lernstörung gesehen, die überwunden werden kann, aber nicht heilbar ist.

[27] Hinz, 2007

[28] Hinz, 2005 und mittendrin e.V. (Hrsg.): Eine Schule für alle, S.245-247

[29] Boban/Hinz, 2003

den und Mitarbeiter/innen ihre bestmöglichen Leistungen erzielen können."[30]
Eine solche Haltung wird für alle vorausgesetzt, die in unserer Schule gemeinsam wirken und arbeiten: Lernende, Lernbegleiter, Eltern und andere APS-Mitgestalter.

Der Vorteil der inklusiven Beschulung ist neben dem Ende der Aussonderung von Einzelnen, die Heterogenität in den Schulklassen. Diese Verschiedenheit bringt ungeahnte Lernanreize für alle Lernenden. In vielen integrativen und inklusiven Schulen wurde bewiesen,[31] dass Kinder und Jugendliche ohne Beeinträchtigungen dort verstärkt Sozialkompetenz lernen. Durch die Herausforderung der gemeinsamen Unterrichtung steigern wir die Unterrichtsqualität und fördern alle, auch die sogenannten „normalen" oder „besonders begabten" Lernenden besser.

An der APS ringen die Lernenden deshalb um diese Haltung: [32]

- Wir sind alle anders verschieden, schauen aufeinander und nehmen uns ernst.

- Manche von uns haben sichtbare und manche nicht sichtbaren Beeinträchtigungen.

- Wir schließen keinen aus, sind ehrlich und lösen Konflikte offen und wertschätzend.

- Als eine bunte und lebendige Gemeinschaft sind wir dabei sowohl arbeitsfähig als auch in der Lage, im Team Projekte zu realisieren, zu reflektieren und zu präsentieren.

---

[30] weitgehend übernommen aus dem Konzept der Privaten Grundschule Oberaudorf-Inntal, da es nicht besser zu formulieren ist.

[31] Merkelbach, 2009

[32] Diese Ziele werden im Schulgebäude gut sichtbar visualisiert.

- Am Ende der Schulzeit unterstützen wir uns gegenseitig dabei, einen erfolgreichen Schulabschluss zu erreichen.

Bildung ist „der Schlüssel zum ersten Arbeitsmarkt, der für Menschen mit Behinderung durch Vorurteile und Ignoranz, mangelnde Bereitstellung von Dienstleistungen sowie berufliche Aus- und Weiterbildungsmöglichkeiten jedoch weitgehend verschlossen"[33] bleibt.

Als nachhaltig denkende und verantwortungsfreudige Schule will die APS sich diesem Bildungsauftrag engagiert und mit weitem Herzen stellen.

Zur Inklusion gehört aber - gerade in den meist kostenpflichtigen Privatschulen - auch die Hineinnahme von Kindern und Jugendlichen aus eher bildungsfernen Schichten und zum Beispiel unbegleitete minderjährige Flüchtlinge (sogenannte UmFs). Diese Teilhabe soll bis zum Endausbau der Schule gelingen, indem die Schulverantwortlichen darum ringen, Firmen der Region dafür zu gewinnen, dauerhaft Patenschaften für mindestens 15% der Lernenden dieser Zielgruppe zu übernehmen, damit eine echte Inklusion realisiert werden kann.

4.3   Neue unterrichtliche Standards der APS

Die jungen Menschen an der APS lernen als heterogene Gemeinschaft aktiv und mit mehr Freude, weil sie selbstverantwortlich gerade als Team eigene Lernerfahrungen in Projekten machen und dadurch mit Begeisterung für das Leben und das Berufsleben lernen.

---

[33] aus dem Weltbehindertenbericht 2011 der WHO gefunden auf:
http://www.aktion-
mensch.de/presse/pressemitteilungen/detail.php?id=475 am
01.03.2015

Das zeigt sich auf verschiedenen Ebenen:

1. Eine neue Art der Schulaufnahme und eine auf Vertrauen basierende Schullaufbahnbegleitung

In der Regel gibt es an der APS für interessierte Kinder und Jugendliche eine verbindliche Hospitation von einer Woche zum Kennenlernen der Schule und ihrer Arbeitsweise. Hier erkennen die Lernbegleiter ebenso wie der Lernende selbst, ob er/sie für diese Schulart geeignet ist. Beachtung findet hier vor allem der Aspekt der Bereitschaft und Fähigkeit zur Teamarbeit und gegenseitigen Achtung.

Beim Einstiegsgespräch werden auch Entwicklungsziele und ein Leitmotto für die Schullaufbahn formuliert. Zudem wird mit den Erziehungsberechtigten und dem Lernenden ein Schulvertrag abgeschlossen.

Mithilfe von Quartals- oder Halbjahresgesprächen mit dem jungen Menschen und den Eltern wird der aktuelle Entwicklungs- und Leistungsstand als auch individuelle Ziele und ggf. eine Neuausrichtung der Ziele formuliert und dokumentiert.

Ein Einstufungstest vor Schuleintritt ist an der APS obligatorisch, um den aktuellen Leistungsstand des Lernenden kennen zu lernen, als realistischen Ausgangspunkt für die weiteren Entwicklungsschritte.

2. Die Lernbegleiter arbeiten kaum noch frontal. Dies zeigt sich auch in der veränderten Aufteilung des Klassenzimmers.

Die Pädagogen verstehen sich sowohl als Impulsgeber, verlässliche Vorbilder, Projektkoordinatoren als auch partnerschaftliche und vertrauensvolle Lernberater und -begleitern.

Sie unterstützen die jungen Menschen und ihre Eltern zudem individuell mittels des Instrumentes „Entwicklungsgespräch". Mehr dazu in Kap. 5.2.3

Das Klassenzimmer hat eine neue Aufteilung, was sich durch den veränderten Unterricht erklärt. Siehe Kap. 5.3.2

3. Die Gesundheit der jungen Menschen hat an der APS einen hohen Stellenwert.

Um Körper, Geist und unsere Seele zu stärken, führen wir täglich gemeinsam am Morgen einige Übungen zur Stärkung unserer Atmung, Beweglichkeit und Körperwahrnehmung durch. Zudem sammeln die Lernenden regelmäßig Erfahrungen in und mit der Natur. Mehr dazu in Kap. 5.3.5

4. Gemeinsam den Tag beginnen und beschließen zur Förderung der Lerngemeinschaft, Reflexionsfähigkeit, Empathie und geben Raum für Spiritualität

An der APS gibt es jeden Tag einen offiziellen Anfang und ein gemeinsames Ende.

Morgens sprechen und diskutieren die Kinder und Jugendlichen der APS im Kreis über aktuelle Ereignisse aus der Klasse, der Politik und der Welt.

Damit pflegen sie nicht nur eine demokratische Gesprächskultur, sondern streben die Haltung eines „mündigen Bürgers" an, der das Handeln anderer und sein Handeln reflektiert.

Am Ende jeden Vormittags gibt es eine Feedbackrunde, in der das einzelne und gemeinsame Handeln reflektiert wird. Mehr dazu in Kap. 5.3.4

5. Die jungen Menschen lernen täglich in fächer- und jahrgangsübergreifenden Projekten, die sie mit dem Volksschul-Lehrplan des jeweiligen Bundeslandes vernetzen.

Hierdurch stärken sie Ihre Kreativität und entwickeln und üben wesentliche Schlüsselqualifikationen für ihr weiteres Leben und den Beruf ein. Mithilfe individueller Projektlernpläne arbeiten die Kinder und Jugendlichen in ihren Möglichkeiten gemeinsam an einem Projekt und verbinden die geforderten Lehrplanthemen mit ihren persönlichen Fragestellungen. Mehr dazu in Kap. 5.3.12

6. Die Schule ist auf vier Klassen mit einer Klassengröße von maximal 20 Lernenden begrenzt.

Dadurch kann eher eine individuelle Betreuung, gerade in dem inklusiven Klassenverbund, gewährleistet werden. Zudem können die Projekte der Lernenden von den Lernbegleitern besser betreut werden. Auch lässt sich in einer kleinen Schule die Gemeinschaft viel besser erfahren.

7. Ab der 8. Klasse bereiten sich die Lernenden professionell und intensiv auf die externen Prüfungen und auf die Berufsorientierung vor.

Die Lernenden der APS bekommen bis zur 8. Klasse bewusst keine Noten. So wird ihre intrinsische Motivation gestärkt und schlechte Zensuren werten nicht ihr Selbstwertgefühl ab.

Ganz bewusst zur Prüfungseinstimmung werden die jungen Menschen erst ab der 8. Klasse mit Noten vertraut gemacht. Das Thema *Prüfungsvorbereitung an der APS* findet sich im Kap. 5.3.16.4

4.4   Reformpädagogische Erkenntnisse

Die Aktive Projekt-Schule ist sich ihrer pädagogischen und reformpädagogischen Wurzeln bewusst und bedient sich folgender Erkenntnisse und Erfahrungen:

Alles didaktische Handeln soll den Lernenden in der Regel im Sinne von Comenius: „Vom Einfachen zum Schweren und vom Gegenständlichen zum Abstrakten"[34] nähergebracht werden. Dieses Handeln wird der APS-Lernbegleiter sowohl bei der Vorbereitung von Lehrimpulsen, als auch schriftlichen und mündlichen Lernzielkontrollen berücksichtigen.

---

[34] Comenius Didactica magna- *Česká didaktika*

Comenius gibt zudem dem sinnhaften und ganzheitlichen Lernen viel Raum. Zahlreiche Reformpädagogen nach ihm haben dieses wiederkehrend aufgegriffen. „Alles soll wo immer möglich den Sinnen vorgeführt werden, was sichtbar dem Gesicht, was hörbar dem Gehör, was riechbar dem Geruch, was schmeckbar dem Geschmack, was fühlbar dem Tastsinn. Und wenn etwas durch verschiedene Sinne aufgenommen werden kann, soll es den verschiedenen zugleich vorgesetzt werden."[35]

Handlungsleitend an der APS ist ebenso das exemplarische Lernen, wo individuelle Fragestellungen auf ähnliche Themenbereiche des Lehrplans übertragen werden.

4.4.1 Maria Montessori (1870-1952)[36]

„Alle unsere Irrtümer übertragen wir auf unsere Kinder, in denen sie untilgbare Spuren hinterlassen."[37]

Einen besonderen Stellenwert an der APS nehmen die Gedanken und beobachtenden Erfahrungen der Ärztin und Reformpädagogin Maria Montessori ein, die vom Kind als „Baumeister seines Selbst" ausgeht. Aus ihrem Menschenbild können, neben anderen, zwei Erziehungsziele abgeleitet werden, die auch für die APS handlungsleitend sind:[38]

- Das Kind soll ganzheitlich, das heißt mit allen Sinnen lernen dürfen.
- Das Kind soll sich zu einem selbstständigen und unabhängigen Menschen entwickeln können.

Montessori gibt, aufgrund ihrer Erkenntnisse durch Beobachtung Hilfestellungen zur gelungenen Entwicklung des Kindes, die auch an der APS Anwendung finden und durch die Lernbegleiter initiiert werden:

---

[35] Comenius, zitiert nach Flitner, 1954, S. 135

[36] http://de.wikipedia.org/wiki/Maria_Montessori vom 23.04.2015

[37] Zitat - Maria Montessori

[38] aus: http://www.montessori-schule-weiden.de/?content=montessori&pg=1 vom 23.04.2015

- Vorhalten und gemeinsames Pflegen einer vorbereiteten Umgebung
- Förderung des ästhetischen Sinns der Lernenden, insbesondere bei den Lehr-Impulsen
- Tägliche Stille-Rituale zur Förderung der Konzentration und Sinneswahrnehmung
- Leben des Begriffs „Ordnung" als strukturierendes Moment und Wahrung der Disziplin
- Unterstützung der Entfaltung des Kindes, im Sinne Montessoris: „Hilf mir, es selbst zu tun!"[39]
- Leben des Gedankens „Übungen des täglichen Lebens" - an der APS umbenannt zu „Aufgaben des täglichen Lebens", wo die Lernenden mindestens einmal pro Woche für eine Stunde ihr Klassenzimmer und andere Schulräume säubern, bzw. andere wesentlichen Aufgaben des täglichen Lebens wie Schulhof fegen, Schnee räumen, Toiletten und Schuhe putzen, übernehmen.
- Die Lernenden haben eine Fehlerkontrollmöglichkeit und kontrollieren fachspezifische Aufgaben ihres Projekt-Lernplans und Lernzielkontrollen eigenständig mittels bereitliegenden übersichtlichen Qualitätskontrollblättern[40].

Maria Montessori legt in ihren Ausführungen bei der Begleitung von Kindern ein besonderes Augenmerk auf die Beobachtung derselben und die Ausgewogenheit von Freiheit und Disziplin im Schulalltag. Die Lernbegleiter an der APS sind angehalten, im Team darüber zu wachen, dass diese Ausgewogenheit mit den Lernenden insbesondere bei der Prüfungsvorbereitung regelmäßig reflektiert wird[41].

---

[39] dies immer unter Berücksichtigung der Möglichkeiten des Kindes.

[40] in der Regel laminierte Lösungsblätter. Montessori nennt diesen Vorgang Fehlerkontrolle.

[41] Montessori versteht unter dem neuen Erzieher auch einen Bewahrer der Grenzen. – Vgl. ebenda

4.4.2 John Dewey (1859-1952)

„Scheitern ist lehrreich. Der Mensch, der wirklich nachdenkt, lernt aus seinen Misserfolgen genau so viel, wie aus seinen Erfolgen."[42]

Der amerikanische Philosoph und Pädagoge Dewey begründete Anfang des 20. Jahrhunderts den Begriff des „Learning by doing"[43], wobei er dem Lehrer die untergeordnete Rolle eines Mitarbeiters zuteilte. Statt bevormundenden frontalen Unterrichtssituationen, ging er fest davon aus, dass Lernen auf Erfahrung aufgebaut sein muss und schuf den Grundgedanken des Projektunterrichts zusammen mit seinem Schüler Kilpatrick[44].

Dieser Gedanke sollte die Kinder zu mehr Eigenverantwortung, demokratischem Denken und Handeln und mehr erfahrendem Lernen führen.[45]

Dem Ansatz Deweys will sich die APS verpflichten, damit die Lernenden lebendige und selbst gewählte Themen vertieft studieren und praktische Erfahrungen machen können. Diese Erfahrungen führen mitunter auch zu Erfahrungen des Scheiterns und des Erfolges, was gemeinsam im Weiteren reflektiert wird.

So können die jungen Menschen ganz wesentliche Lebenserfahrungen machen und erkennen, dass das Scheitern auch ein Teil des Lebens ist und nicht als ein Versagen zu verstehen ist. Vielmehr bringt es uns Menschen weiter und eröffnet uns für die Zukunft die Option, in einer ähnlichen Situation anders zu handeln.

---

[42] Dewey, John - Zitat

[43] Bittner, Stefan: *Learning by Dewey? John Dewey und die deutsche Pädagogik*

[44] http://www.seilnacht.com/projekt.html#2 vom 23.04.2015

[45] http://de.wikipedia.org/wiki/John_Dewey vom 23.04.2015

4.4.3 Karl Frey (1942-2005)[46]

„Wenn über das Grundsätzliche keine Einigkeit besteht, ist es sinnlos, miteinander Pläne zu machen."

Dieser Grundsatz von Konfuzius macht deutlich, wie wichtig es ist, junge Menschen schon frühzeitig durch Projekte an Teamfähigkeit und gute Absprachen heranzuführen. Damit Projekte gelingen, braucht es vor allem eine solide Struktur, an der sich die jungen Menschen orientieren können, um erfolgreich zu sein.
Karl Frey arbeitete die Projektmethode zur Entwicklung und Durchführung von Projekten mit Gruppen weiter aus, indem er für ein Projekt Ablaufschritte benannte, um die Struktur (das „Wie") festzulegen.
Die pädagogische Methode betont dabei

- das handlungsorientierte Lernen,
- die Bedeutung von persönlichen Erlebnissen und
- die gemeinsame kommunikative Reflexion der verschiedenen Gruppenprozesse.

Als prozessorientierte Methode verfolgt sie zudem den Grundsatz „Der Weg ist das Ziel".

Folgende Ablaufschritte benennt Frey bei jeder Projektarbeit, an denen sich die APS orientiert:[47]

1. Projektinitiative
Entwickeln einer konkreten Idee. Die Zielgruppe sollte schon hier, baldmöglichst, mit einbezogen werden.

2. Auseinandersetzung mit der Projektinitiative
->Zielvereinbarung treffen: Gemeinsam erarbeitete Projektskizze (grob, nicht im Detail): Wer macht was, wann, wo und mit wem?

---

[46] Frey, Karl: Die Projektmethode: Der Weg zum bildenden Tun

[47] Übernommen von: http://www.media-edu.org/projektmethode.htm vom 23.04.2015

3. Entwicklung des Betätigungsgebietes
->Ziel: Gemeinsam einen Projektplan erarbeiten: Klärung von Detailfragen, Präzisierung/ Konkretisierung der vorherigen Vereinbarungen

4. Projektdurchführung (Paralleles Arbeiten in verschiedenen Arbeitsgruppen) mit:

a) Reflexion des WAS:
sachlich orientierte Fragen klären: Wie liegen wir in der Zeit? Was gibt es für Probleme? Außerdem eine sachliche Reflexion aus Sicht der Teilnehmer

b) Reflexion des WIE:
Reflexion der Gruppensituation: Ankurbelung der Motivation; Streit in der Gruppe; jemand erfüllt Aufgabe nicht - Konfrontation mit etwaigen Problemen, z. B. morgens Runde machen zum WAS und WIE – kurz und knapp. Die jeweiligen Arbeitsgruppen nehmen ihre Arbeit auf. Eine begleitende Steuerung ist wünschenswert: Zeitplan? Klärung von Hindernissen

5. Beendigung des Projekts
Abschließen des Projekts: Präsentation oder Aufführung, Evaluation: Wie ist es gelaufen?

Frey benennt noch zwei wichtige Voraussetzungen für Projekte, die die APS berücksichtigen will:

Offenheit wahren: Leistungsdruck, Bewertung und zu enge Vorgaben können die Effekte der Projektmethode schnell mindern. Daher sollen die Projekte über ein Feedback und nicht über Noten beurteilt werden. An der APS wird hier nur bei den Übungs-Projektprüfungen ab Klasse 8 eine Ausnahme gemacht, um den Lernenden eine Orientierungsnote für die anstehenden Prüfungen zu geben.

Lehrer/Pädagogen sind Projektmanager und nicht die allwissenden Leiter: Sie sind Begleiter eines Prozesses, für dessen Inhalte, Prozesse und Ergebnisse nicht sie als Leiter, sondern die Gruppenmitglieder als Akteure zuständig sind. Lehrende sind in der Projektmethode nicht Steuermänner/-frauen sondern Ratgeber, Initiatoren und Lernbegleiter.

4.5 Aktuelle Erkenntnisse

4.5.1 Herbert Gudjons

Winston Churchill sagt, dass es ein großer Vorteil im Leben ist, die Fehler, aus denen man lernen kann, möglichst früh zu begehen.[48]

Daher ist die Schule ein wunderbarer Handlungs- und Erfahrungsraum, diese Fehler zu machen, was sich besonders im Rahmen eines handlungsorientierten Unterrichts und in Form von Projekten anbietet. Der Erziehungswissenschaftler Gudjons macht die Projektmethode in der Schule an zehn Merkmalen fest und setzt einen Rahmen, was Projekte in der Schule beinhalten sollten:[49]

1. Situationsbezug und Lebensweltorientierung
2. Orientierung an den Interessen und Wünschen
3. Selbstorganisation und Selbstverantwortung
4. Gesellschaftliche Praxisrelevanz: Die Schüler schaffen ein Stück gesellschaftlicher Wirklichkeit (nach Dewey)
5. Zielgerichtete Projektplanung
6. Produktorientierung
7. Ganzheitlichkeit und Einbeziehen vieler Sinne
8. Soziales Lernen
9. Interdisziplinarität
10. Grenzen beachten. Nicht jedes Thema eignet sich!

Die Lernbegleiter der APS laden die Lernenden ein, sich bei den mehrwöchigen Projekten an diesen Merkmalen zu messen. Natürlich finden nicht immer alle Merkmale Berücksichtigung.

---

[48] Vgl. http://zitate.net/lernen:3.html vom 23.04.2015

[49] Gudjons, Herbert: Handlungsorientiert lehren und lernen und Merkmale übernommen aus:
http://www.seilnacht.com/projekt.html#5 vom 23.04.2015

4.5.2 Manfred Spitzer

„Wir lernen keineswegs immer und alles. Unsere Emotionen helfen uns vielmehr, das Wichtige auszusuchen und unsere Ressourcen der Verarbeitung und Speicherung sinnvoll und sparsam einzusetzen. Emotionen sind damit nicht der Widersacher, sondern in den allermeisten Fällen der Gehilfe des kritischen Geistes."[50]

Gerade aufgrund der aktuellen Erkenntnisse des Gehirnforschers Spitzer wird sichtbar, dass eine wertschätzende Klassenatmosphäre und gute Laune maßgeblich für das Gelingen von Lernprozessen sind. Dabei ist „die persönliche Gemeinschaft von Lehrenden und Lernenden" durch keine technische Neuerung zu ersetzen.[51]

Neben der wesentlichen Rolle der Emotionen beim Lernen hat sich Spitzer auch mit dem Wiederholen von Gelerntem im positiven als auch im negativen Sinn intensiv auseinandergesetzt.

Er benutzt dabei gerne die Metapher von *Spuren im Schnee*: „Im Gehirn laufen ständig Impulse über die Synapsen der Nervenzellen; das passiert schon im Mutterleib, wenn das Ungeborene seine Umwelt ertastet oder Geräusche hört. Wenn solche Impulse immer wieder ähnlich ablaufen, entstehen quasi Spuren, zunächst in den einfachen Arealen, dann in den komplexeren, und je öfter diese Spuren benutzt werden, umso mehr verfestigen sie sich, wie bei einem Trampelpfad im Tiefschnee. Diese Spurenbildung nennen wir lernen."[52]

Diese Spurenbildung von Gelerntem verwendet die APS gezielt bei wesentlichen Lerninhalten und bei der Prüfungsvorbereitung. Ausreichend wird Übungsmaterial für die Kernfächer im Klassenzimmer für die jeweiligen Jahrgangsstufen bereitgehalten.

---

[50] Manfred Spitzer, Nervensachen, S. 96

[51] Ebenda, S. 221

[52] http://www.medien-gesellschaft.de/html/vorsicht_bildschirm.html vom 24.04.2015

4.5.3 Gerald Hüther und Michael Schratz

Wie Kinder lernen, hat der Hirnforscher Gerald Hüther aus neurobiologischer Sicht ausführlich erforscht. Dabei hat er nicht nur festgestellt, dass Kindergehirne nicht nur formbarer sind als Gehirne von Erwachsenen, sondern dass sie dadurch auch verformbarer im negativen Sinne sind.[53]

Hüther ergänzt, dass „bei keiner anderen Art die Hirnentwicklung in solch hohem Ausmaß von der emotionalen, sozialen und intellektuellen Kompetenz der erwachsenen Bezugspersonen abhängig ist wie beim Menschen."[54] Dies macht sichtbar, wie bedeutend die Rolle der Lernbegleiter neben den Eltern bzw. Erziehungsberechtigten als wichtigste erwachsene Bezugspersonen gerade in der Adoleszenz ist.

„Entwicklungsarbeit gelingt, wenn mit hohem Commitment, gemeinsamer Überzeugung und positiver Energie an einem gemeinsamen gewählten Anliegen gearbeitet und gemeinsam gelernt wird"[55] bestätigt der österreichische Schulpädagogik-Professor Michael Schratz und verdeutlicht wie wesentlich eine enge Kooperation zwischen allen am Schulsystem Beteiligten ist. Er unterstützt das regelmäßige Arbeiten in Projekten, das mit Freude und Lebendigkeit angebahnt werden soll: Die Aufgabe für die SchülerInnen steht im Mittelpunkt. Sie sind in ihr Lernen verstrickt. Aufmerksamkeit wird erreicht durch gelingende Umsetzung von Planung und verlangt nach entstehender Zukunft.[56]

Hüther ist sich nach seinen Forschungsarbeiten darüber hinaus sicher, dass die Heranbildung komplexer Verschaltungen im kindlichen Gehirn nicht gelingen kann, wenn diese keine Gelegenheit bekommen, sich aktiv an

---

[53] Vgl. in Ralf Caspary (Hrsg.) – Lernen und Gehirn, S. 70 ff

[54] Ebenda

[55] Schratz, Michael Skript – Hauptvortrag am 21.11.2012 beim Oberbayerischen Lehrertag

[56] Ebenda

der Gestaltung der Welt zu beteiligen und keine Freiräume mehr finden, um ihre eigene Kreativität spielerisch zu entdecken. Dabei sind die begleitenden Bezugspersonen hier aufgefordert, die Lernenden nicht daran zu hindern, eigene Erfahrungen bei der Bewältigung von Schwierigkeiten und Problemen zu machen.[57]

4.5.4 Toru Kumon

„Lernen ist wie Schwimmen gegen eine Strömung – wenn man aufhört, treibt einen die Strömung zurück."[58]

Der Japaner Toru Kumon, Mathematiklehrer an einem Gymnasium und Vater des Makoto Kumon, erkannte durch Beobachtung seines Sohnes, dass selbstständiges Denken Training braucht. Zudem führt das regelmäßige Lernen zu mehr Lernfreude bei Kindern, die zuvor Angst in dem jeweiligen Fach hatten.[59]

Er entwickelte daher vor über 50 Jahren eine Lernmethode der individuellen Förderung von Kindern für Mathematik und Sprachen.

Kumons´ Meinung nach muss ein junger Mensch eine bestimmte Anzahl an Aufgaben aus eigener Kraft lösen, um leistungsstark zu werden. Hier empfiehlt er, dass man die Lernenden nicht nur da abholt, wo sie gerade stehen, sondern sogar eine Stufe darunter. Weil sie zunächst an einem niedrigeren Lernniveau mit großem Erfolg starten und durch kontinuierliches Wiederholen des Lernstoffs ihre Geschwindigkeit erhöhen, steigert sich darüber hinaus ihre Motivation und Arbeitshaltung.[60] Hierdurch sind sie dauerhaft in der Lage, je nach Engagement auch über das

---

[57] Vgl. in Ralf Caspary (Hrsg.) – Lernen und Gehirn, S. 71

[58] Japanisches Sprichwort

[59] http://www.heiko-zaenker.de/kumon.htm vom 23.04.2015

[60] aus: KUMON Deutschland GmbH (Hrsg.) Prima: Der Newsletter für Eltern – KUMON Mathematik

Jahrgangsniveau hinaus, Lerninhalte selbstständig zu bearbeiten.[61]

Aufgrund dieser Erkenntnisse und selbst gemachter erfolgreicher Erfahrungen mit dieser Lernmethode werden die Lernenden an der APS zum Schuleintritt im Rahmen von kurzen Tests in den Kernfächern eingestuft.

Im weiteren Verlauf werden mithilfe der individuellen Projekt-Lernpläne, den Entwicklungsgesprächen und regelmäßigen Übungsstunden alle relevanten Lerninhalte auch unter Berücksichtigung von Prüfungsinhalten frühzeitig vermittelt.

Die Lernbegleiter sind angehalten, relevante Lerninhalte im Rahmen von Lehrimpulsen einzuführen und in den Übungsstunden geeignetes Lernmaterial wie Lernkarten und Übungshefte für die Lernenden bereit zu halten, so dass die jungen Menschen, ihrem Lerntempo und ihrem Leistungsstand entsprechend, zentrale Lehrplaninhalte und Prüfungsschwerpunkte üben und vertiefen können.

4.5.5   Ruth Cohn

An der Aktiven Projekt-Schule nimmt das Arbeiten in Gruppen bzw. Teams durch das projektorientierte Denken und Handeln als auch das Arbeiten in einer heterogenen Gruppe einen zentralen Stellenwert ein.

Daher sind die Grundlagen der themenzentrierten Interaktion (TZI) wie sie Ruth Cohn benennt, für die Arbeit im Lernbegleiter-Team und mit den jungen Menschen obligatorisch, um das soziale Lernen und die persönliche Entwicklung des Teams und der Lernenden zu fördern, als auch gegenseitige Wertschätzung, Grenzen und Autonomie (bei Cohn die drei Axiome) untereinander zu erkennen und diesen Raum zu geben.

---

[61] http://de.wikipedia.org/wiki/Kumon vom 23.04.2015

Cohn kennt dabei drei Postulate, die es im Zusammensein mit Gruppen zu beachten gilt:[62]

1. Sei deine eigene Chairperson, die Chairperson deiner selbst!
Darin steckt die Aufforderung, sich selbst, andere und die Umwelt in den Möglichkeiten und Grenzen wahrzunehmen und jede Situation als ein Angebot für die eigene Entscheidung anzunehmen.

2. Störungen haben Vorrang! (meint also, sollen ernst genommen werden)
Das Postulat, dass Störungen und leidenschaftliche Gefühle den Vorrang haben, bedeutet, dass wir die Wirklichkeit jeden Individuums anerkennen; diese enthält die Tatsache, dass unsere lebendigen, gefühlsbewegten Körper und Seelen Träger unserer Gedanken und Handlungen sind.

3. Verantworte dein Tun und Lassen – persönlich und gesellschaftlich!
Diese Postulate sind nicht als Regeln zu verstehen, sondern als eine Aufforderung, sich entsprechend zu verhalten. Dabei sollen wir im Blick behalten, dass unser Denken und Handeln in der Gruppe in den drei bis vier Dimensionen (Ich, Wir, Es, Globe) wirkt.

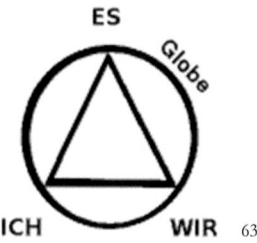

ICH   WIR   63

---

[62] Übernommen von:
http://de.wikipedia.org/wiki/Themenzentrierte_Interaktion vom 24.04.2015

[63] Grafik, Tabelle und Inhalte übernommen von:
http://de.wikipedia.org/wiki/Themenzentrierte_Interaktion vom 24.04.2015

ICH	die einzelnen *Personen* mit ihrer Biographie und ihrer Tagesform
WIR	das sich entwickelnde Beziehungsgefüge der *Gruppe* (Interaktion)
ES	der *Inhalt*, um den es geht oder die *Aufgabe*, zu deren Erledigung die Gruppe zusammenkommt
Globe	das organisatorische, strukturelle, soziale, politische, wirtschaftliche, ökologische, kulturelle engere und weitere *Umfeld*, das die Zusammenarbeit der Gruppe bedingt und beeinflusst und das umgekehrt von der Arbeit der Gruppe beeinflusst wird

Ich, Wir, Es und Globe sind auch als TZI-Dreieck bekannt. Je nach Entwicklung und Verlauf des Gruppenprozesses wird einer der vier Faktoren stärker beleuchtet. Die TZI sucht die Gruppe voranzubringen, indem alle vier Faktoren bearbeitet werden.

Die Lernbegleiter bedienen sich Cohns Hilfsregeln, um die Klasse und Projektteams achtsam und bewusst zu führen. Dabei werden an der APS die erwähnten Postulate folgendermaßen realisiert:

Am Anfang jeden Schuljahres präsentieren die Lernbegleiter die Grundlagen der Zusammenarbeit zwischen ihnen und den Lernenden:

1. Ich bin für meinen Lernerfolg selbst verantwortlich und unterstütze mit meinen Fähigkeiten andere, damit auch sie erfolgreich sind.
2. Ich gehe mit mir und anderen wertschätzend um.
3. Ich nehme Störungen ernst.
4. Ich achte mit auf wechselnde Lern- und Arbeitsformen.

Durch das Benennen dieser Grundlagen wird jeder in der Gemeinschaft eingeladen und aufgefordert, sich daran zu orientieren.

4.5.6 Jesper Juul

„Kinder brauchen Führung[64]. Sie sind gleichwürdig, aber nicht gleichberechtigt" und „mit Reden, Ehrlichkeit und Authentizität hat man Erfolg bei Kindern und hilft Ihnen, sich zu mental und psychosozial gesunden Erwachsenen zu entwickeln. Mit dieser Art von Beziehung kann man zum Beispiel Drogen- oder Mediensucht im Kindesalter vorbeugen. Es braucht gegenseitigen Respekt und eine gemeinsame Sprache."[65]

Der dänische Familientherapeut Jesper Juul nimmt zudem an, dass „ein Kind von Geburt an sozial und emotional ebenso kompetent ist wie ein Erwachsener. Diese Kompetenz, die sich entsprechend der kindlichen Reife äußert, muss dem Kind nicht erst durch Erziehung beigebracht werden.

Traditionelle Erziehung benutzt nach Juuls Auffassung überwiegend verbale Strategien. Dabei wird ignoriert, dass Kinder Verhalten durch Imitation lernen. Kinder müssen beobachten und experimentieren dürfen, dann fügen sie sich durch Nachahmung in die Kultur ein. So kooperieren Kinder. Ein ständiger Strom von Ermahnungen und Erklärungen bewirkt, dass das Kind sich dumm oder falsch fühlt. Auch wenn der Umgangston eher freundlich und verständnisvoll ist, wird damit die Botschaft gesendet: „Du bist nicht richtig!" und so dem Selbstbild und dem Selbstwertgefühl des Kindes großer Schaden zugefügt.

Jedes auffällige Verhalten von Kindern und Jugendlichen kann man, laut Juul, auf zwei Ursachen zurückführen: Entweder haben Erwachsene die kindliche Integrität verletzt, oder die Kinder haben übermäßig kooperiert. Eltern und Experten konzentrieren sich regelmäßig auf das unangepasste Verhalten.

---

[64] An der APS lösen wir uns zunehmend von dem Begriff *Führung* und verwenden den Begriff *Leitung*, der etwas mehr Raum zulässt.

[65] Zitate Jesper Juul - aus einem Interview mit der Süddeutschen Zeitung vom 19./20. Februar 2011

Juul plädiert dafür, Kindern auf eine andere Art und Weise zu begegnen. Sein Konzept ist es, herauszufinden, „wer das Kind ist", und nicht zu erklären, „warum es sich so verhält". Dieses Vorgehen hält Juul für den einzigen Weg, eine tragfähige Eltern-Kind-Beziehung herzustellen."[66]

Die Lernbegleiter und Eltern der APS reflektieren daher immer wieder darüber, wer das Kind ist und welche Gründe vorliegen, wenn ein „Fehlverhalten" des Kindes zu Tage tritt.

4.5.7   Gerhard Vilmar

Der Arzt und Psychotherapeut Gerhard Vilmar verdeutlicht, dass wir die wichtigsten und prägendsten Beziehungen unseres Lebens in Familie, Freundeskreis und Schule machen.[67]

Die Erfahrungen, die wir dabei machen, begleiten uns ein Leben lang und entscheiden über Gelingen und Scheitern zukünftiger Beziehungen. Daher soll die Schule neben der Familie ein sicherer Ort sein, „an denen sich **jeder**, unabhängig von seinen eigenen Persönlichkeitsaspekten, erst einmal gesehen, ernst genommen und geachtet fühlen kann."[68]

Vilmar bezieht sich auf eine Studie Roths von 2011, dass mindestens 20% der deutschen Schüler erhebliche psychische und psychosoziale Probleme haben.[69] Er empfiehlt Schulen deshalb die Einführung des Schulfachs „Lebenskunde", um neben der Ich-Entwicklung auch die Selbst-Entwicklung zu fördern. Das Fach leiste den Bei-

---

[66] Übernommen von: http://de.wikipedia.org/wiki/Jesper_Juul vom 01.05.20015

[67] Vilmar, Gerhard: Beziehungsschule, S.7

[68] Vilmar, Gerhard: Beziehungsschule, S.12-13

[69] Roth, Gerhard: Bildung braucht Persönlichkeit.

trag zu Gesundheit, Selbst- und interkultureller Sozialkompetenz.[70] „Lebenskunde"[71] wird an der APS jeden
Morgen zu Schulbeginn abgehalten und strebt Ziele wie

- die Vertrauensbildung untereinander,
- die Entwicklung von Empathie,
- die Gesundheits- und Medienkompetenz als auch
- das „Philosophieren
- und die persönliche Sinnstiftung an, auch durch einen
  Bezugspunkt im Sinne von Spiritualität."[72]

Die Lernbegleiter der APS orientieren sich mit den
Lernenden an diesen Zielen, um sich zu einer *Beziehungsschule* zu entfalten. Die Partizipation, also die Einbezie-
hung der Vorstellungen und Wünsche der Lernenden,
nimmt eine tragende Rolle in der weiteren Entwicklung
der Schule ein.

„Nicht *Experten* sind gefragt, sondern feinfühlige und
offene Menschen. Nicht *Experten,* die sich anmaßen, es
besser als andere zu wissen ..., sondern Helfer, ..., die ver-
suchen, ihn zu verstehen und zu begleiten, und die dabei
selbst bleiben, was sie sind."[73]

---

[70] Vilmar, Gerhard: Beziehungsschule, S.58-59
[71] an der APS am Morgen im Rahmen des Aktiven Lernens
[72] Ebenda, S. 60-61
[73] Schmid nach Rogers

4.6 Die Ablösung der Begriffe: Lehrer/in – Schüler/in

„Mein Lehren vollzieht sich erst im Lernen der anderen. Mein Lehren ist verstrickt mit dem Lernen der anderen. Als Lehrerin befinde ich mich in einer äußerst ambivalenten Situation: Einerseits erzeugt mein Lehren kein Lernen, andererseits bedingen Lehren und Lernen einander. Somit sind lernseits und lehrseits die zwei Seiten der pädagogischen Medaille. Sie sind einander entgegengesetzte und dennoch aufeinander bezogene Erfahrungen, die für das Lernen aller Beteiligten konstitutiv sind." [74]

Nicht nur die Berücksichtigung dieser zwei Medaillen verlangt im 21. Jahrhundert die Ablösung vom Begriff „Lehrer/in". Vor allem das Berücksichtigen des Aspektes der Annahme der Mündigkeit, wie ihn *Juul* benennt, verlangt ein Umdenken und Umbenennen der Begriffe. Aus dem Lehrer, auf dem in der Regel der Fokus allen Handelns und Urteilens lag, wird nun ein Lernberater bzw. ein -begleiter.

Er ist Trainer, ja „Geburtshelfer der Potentialentfaltung der Lernenden" und Lernimpulsgeber, der Lernprozesse anregt und steuert.

Gleichermaßen ist eine Verabschiedung vom Begriff „Schüler/in" erforderlich und wird an der APS durch den Begriff „Lernende/r" abgelöst. Dabei ist sich der junge Mensch zunehmend seiner angenommenen Mündigkeit bewusst und respektiert Grenzen, die im Rahmen der Gemeinschaft erforderlich sind und deren Bewahrer der Lernbegleiter ist.

Hierdurch wird eine Kommunikation auf Augenhöhe möglich.

---

[74] Westfall-Greiter, 2010

4.7 Zukunftsfähiges Denken und Handeln

Wenn man über zukunftsfähiges Denken und Handeln spricht, ist es wesentlich, sich zunächst mit den Begriffen „Nachhaltigkeit und Zukunftsfähigkeit" auseinander zu setzen, um deren Bedeutung für die APS zu definieren.

Nachhaltigkeit und zukunftsfähige Entwicklung meint dabei die gleichberechtigte Berücksichtigung von Umweltgesichtspunkten mit sozialen und wirtschaftlichen Gesichtspunkten. „Wir müssen unseren Kindern und Enkelkindern ein intaktes ökologisches, soziales und ökonomisches Gefüge hinterlassen."[75]

Wenn wir diese Forderung ernst nehmen, sind wir als verantwortungsbewusste Menschen verpflichtet, uns mit diesen Gesichtspunkten auseinander zu setzen.

Deshalb geben wir den Lernenden den Raum, dass diese schon frühzeitig ein soziales, wirtschaftliches und ökologisches Bewusstsein entwickeln, sowohl für sich als Individuum als auch in ihrer Rolle als verantwortungsbewusste und politische Bürger.

Durch nachhaltiges Denken und Handeln zeigen wir unser Verantwortungsbewusstsein für uns und unsere Gemeinschaft. Mitwirkende der APS streben nach einer lebenswerten, lebensfähigen und gerechten Welt. Dies bedeutet auch für die Lernenden ein frühzeitiges Sichtbarmachen und Reflektieren von Missständen in der Welt, auf die wir eventuell[76] in der Gegenwart oder Zukunft Einfluss nehmen können.

Am nachfolgenden „Säulen"-Modell einer nachhaltigen Entwicklung messen sich insbesondere die Lernenden und Lernbegleiter. Sowohl in den Projekten, als auch im Rahmen des Faches *Lebenskunde/politische Bildung* und im *APS-Feedback* ringen sie um eine selbstkritische Haltung hinsichtlich dieser Aspekte.

---

[75] Vgl. http://www.nachhaltigkeitsrat.de/nachhaltigkeit/ vom 25.4.2013

[76] - auch in Form von Projekten -

Das „Drei Säulen-Modell" einer nachhaltigen und damit zukunftsfähigen Entwicklung

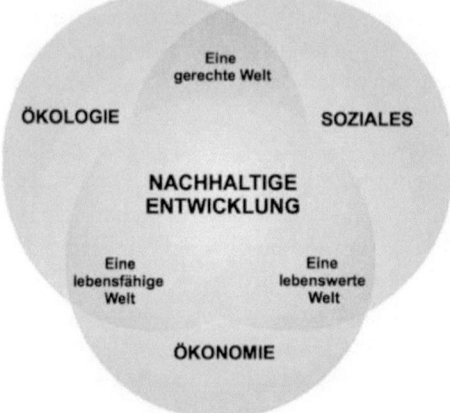

77

An der APS haben wir den Anspruch, uns kritisch mit unserem Konsumverhalten jeder Art auseinanderzusetzen und unsere Entwicklung - weg vom Konsumenten hin zum Prosumenten - selbstverantwortlich zu prüfen.

Achtsam haben die Lernbegleiter dieses *Hindenken* bei den Kindern und Jugendlichen anzubahnen und im Sinne des Überwältigungsverbotes[78], ausschließlich Einladungen zum Nachdenken und Ausprobieren auszusprechen.

Niko Paech, Wirtschaftsökonom an der Uni Oldenburg, verdeutlicht in Vorträgen und Büchern ebenso wie Angelika Zahrnt und Irmi Seidl, dass wir uns auf dem Weg zur „Postwachstumsgesellschaft und Postwachstumsökonomie"[79] befinden.

---

[77] Vgl. Drei Säulenmodell einer nachhaltigen Entwicklung - http://www.nachhaltigkeit.info/artikel/1_3_a_drei_saeulen_modell_1 531.html vom 28.04.2014

[78] http://de.cyclopaedia.net/wiki/UEberwaeltigungsverbot vom 01.03.2014

[79] http://www.postwachstum.de/home/buch/thesen-postwachstumsgesellschaft.html und http://postwachstumsoekonomie.org/ vom 01.03.2014

50

Paech versteht unter Postwachstumsökonomie, dass die „lange gehegte Hoffnung, dass wirtschaftliches Wachstum durch technischen Fortschritt nachhaltig oder klimafreundlich gestaltet werden kann, bröckelt. Weiterhin scheint ein auf permanente ökonomische Expansion getrimmtes System kein Garant für Stabilität und soziale Sicherheit zu sein. Darauf deutet nicht nur die derzeitige Eskalation auf den Finanzmärkten hin, sondern auch die Verknappung jener Ressourcen („Peak Everything"), auf deren unbegrenzter und kostengünstiger Verfügbarkeit das industrielle Wohlstandsmodell bislang basierte. Folglich ist es an der Zeit, die Bedingungen und Möglichkeiten einer Postwachstumsökonomie auszuloten."

Dies verdeutlicht auch die folgende Grafik:

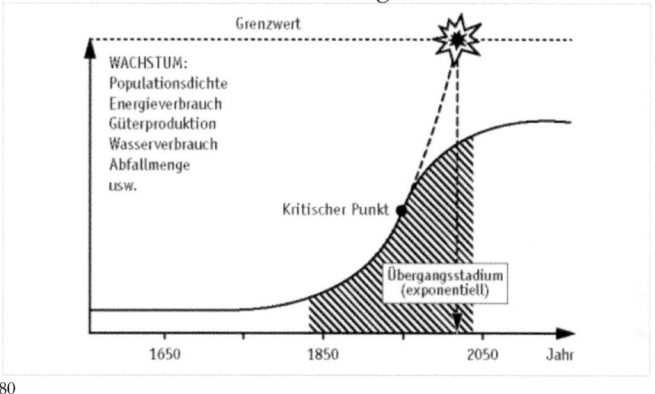

80

Die APS lädt im Schulalltag und bei Projekten zum kritischen Überprüfen des „Mehr von allem!" (Haltung eines Konsumenten) unseres bisherigen Zeitgeistes, hin zum „Weniger ist mehr!" (Haltung eines „Prosumenten") ein. Unter nachhaltigem Handeln verstehe ich wie Paech, dass wir uns immer in einer Balance zwischen Freiheit und

---

80 aus: Frederic Vester, Leitmotiv vernetztes Denken – Für einen besseren Umgang mit der Welt, München 1988, S. 41 und http://postwachstumsoekonomie.org/index.html vom 01.03.2015

Verantwortung befinden, wobei Freiheit bedeuten kann, dass wir weniger brauchen und besitzen, als bisher.

Als moderne Gesellschaft sind wir heute eingeladen, zunehmend nach kreativen Lösungen zu suchen, um durch dieses „Weniger ist mehr" - Prinzip, mehr Gesundheit und Glück zu finden. Denn in einer jetzt schon von Medien durchfluteten, „konsumverstopften" und extrem leistungsorientierten Gesellschaft, haben wir, so Paech, unsere psychische Wachstumsgrenze längst erreicht. Sichtbar wird dies sowohl in der auffällig zunehmenden Erkrankung von Kindern mit ADHS, ADS und anderen Störungsbildern als auch der Zunahme von Depressionen, Adipositas und Anorexie.

Gemeinsam mit den Lernenden suchen die Lernbegleiter in ihren Projekten nach Genügsamkeit, Wahrung der Schöpfung und Glück. Dabei sollen die Lernenden mit zunehmendem Alter und Reife in den Projekten den Aspekt „Suffizienz" - Wie befreien wir uns von unnötigem Ballast? und den Aspekt: „Subsistenz": Wie hätten wir uns auch selbstständig versorgen können? kritisch beleuchten.

Nach Reflexion und Präsentation der Projekte, auch unter Berücksichtigung der beiden Aspekte, sollen die Lernenden ihre Projekte ab Klasse 8 daran messen und zunehmend kreative Strategien der Entrümpelung (auch psychischen) und der Selbstversorgung entwickeln, so dass ihr nächstes Projekt möglicherweise weniger material-, kosten- und arbeitsaufwändig, aber mit einem für sie ähnlichen und zufriedenstellenden Ergebnis realisiert werden kann. Als Hilfestellung wird den Jugendlichen eine spezielle Reflexionsoption zum Projektplanungsbogen bereitgestellt. Durch diese Vorübungen im schulischen Alltag können sich die Heranwachsenden mit einer Gesellschaft, die ökonomisch und klimatisch an ihre Grenzen stößt, vertraut machen und werden sich dadurch in der Zukunft voller Selbstvertrauen mit zahlreichen Kompetenzen ausgestattet, gut sozial vernetzen können und ein reflektiertes Bewusstsein zu ihrem CO_2-Verbrauch haben.

4.8 Vernetzung mit dem Schulort

Die Aktive Projekt-Schule denkt und handelt in Projekten und interessiert sich für eine nachhaltige Entwicklung. Die Menschen an dieser Schule binden sich am Schulort in verschiedenster Weise ein und entwickeln sich für den Ort zu gefragten und wertvollen Partnern.

Dies geschieht auf folgenden Ebenen:

- Vernetzung mit der (Kirchen-)Gemeinde bzw. Kommune: Wir präsentieren unser innovatives Schulkonzept und signalisieren unser Interesse an Mitwirkung für die Gemeinschaft.

- Wir nehmen zu evangelischen Kindergärten, Senioren- und Behindertenheimen und der Feuerwehr am Schulort Kontakt auf: Unsere Lernenden der 5. bis 7. Klasse haben die Möglichkeit, nach einer Vorplanungsphase, ca. einmal im Monat als Team am Nachmittag dort soziale Verantwortung zu übernehmen.

- Auch halten wir regelmäßig Kontakt zu den verschiedenen Betrieben am Schulort und in der näheren Umgebung. Wir laden sie zu den Projektpräsentationen ein und stellen uns als berufsorientierte Schule vor. Die Projekte und ihre Ergebnisse sollen so begeistern, dass die Lernenden von den Betrieben neben Firmenpatenschaften auch Zuschüsse zu Schullandheimfahrten erhalten, so dass die Jugendlichen mit ihrem Beitrag ihre Eltern finanziell entlasten können.

- So früh wie möglich bahnen wir verbindliche Betriebskontakte sowohl für Betriebserkundungen als auch für Praktikumsplätze an, welche die Lernenden der 7. und 8. Klasse dann vor Ort nutzen können.

- Zudem unterstützen uns die Betriebe, wenn möglich beim Bewerbungstraining.

- Die APS ist eine kleine Schule. Mit maximal vier Klassen im Endausbau ist ihr die Kooperation mit anderen Schulen wichtig. Wegen der geringen Zahl an Lernenden halten wir aus Nachhaltigkeitsgründen nur die Fachräume vor, die wir wirklich regelmäßig benötigen. Daher sollen die Lernbegleiter und Lernenden im Bedarfsfall für chemische oder physikalische Versuche, in denen ein PCB-Raum erforderlich ist, den Raum einer anderen Schule in der Nähe nutzen. Lernbegleiter wie Lernende der APS sollen dabei die fremden Räume genauso pfleglich wie ihre eigenen Räume behandeln.

- Mit anderen Schulen gemeinsam und alleine strebt die APS am Schulort kreative und lebendige Gestaltungsprojekte an. Ob an der Schule, im Park oder vor dem Rathaus: Wir wollen dem Schulort mit unseren kreativen Projekten positive und begeisternde Momente bescheren. Dabei soll der nachhaltige Ansatz unserer Schule immer einen Stellenwert haben.

5.   Die praktische Umsetzung

5.1   Selbstverantwortung

An der APS werden sich die Lernenden zunehmend bewusst, dass sie für sich, ihr Verhalten und ihren Lernerfolg selbst verantwortlich sind.

Sie sollen sich im Klaren sein, „was es mit den Begriffen *Bewusstheit, Ehrlichkeit, Verantwortungsgefühl* auf sich hat. Lasst diesen Grundgedanken bis zum letzten Schultag in allem deutlich werden."[81] Denn „je höher unser Bewusstseinsgrad von unserem Selbst als das Zentrum unserer Wahrnehmungen und Empfindungen ist, desto größer ist

---

[81] Cohn, Ruth: Lebendiges Lehren und Lernen, S. 120

die Chance, dass wir in humanem Bewusstsein leben(.)"[82], wodurch wir verantwortlicher mit uns und unserer Umwelt umgehen.

Hierzu gehören auch der Wille und der Wunsch des sich selbst Bilden-Wollens, denn „kein anderer Mensch – nur er selbst – kann auf seine intuitive Stimme hören, die ihm die Wünsche seines Daseins verwirklichen hilft."[83]

5.2   Lernformen

Natürliches Lernen geschieht auf verschiedenen Ebenen. Peter Petersen spricht von den Grundformen des Lernens und unterscheidet dabei das Gespräch, das Spiel, die Arbeit und die Feier.[84]

An der APS wird das spielerische Lernen vor allem beim bewegten „Morgengruß" und in den Projekten sichtbar. Die Arbeit in den Projekten beinhaltet erfahrendes Lernen, nur, dass mit zunehmendem Alter die Lernenden bewusster und geplanter handeln. Dennoch sollen die Projekte den spielerischen Charakter nie verlieren.

Das aktive Zuhören[85] und das Klären von Konflikten ist den Mitwirkenden ein großes Anliegen. Ob im Fach *Lebenskunde/politische Bildung* am Morgen, in den Projekten im Verlauf des Schultages oder aber bei Konflikten in den Pausen, in Zielvereinbarungs- oder Teamgesprächen mit Eltern, Lernbegleitern und weiteren Mitarbeitern, - **alle** am Schulsystem Beteiligten sind angehalten, eine aufrichtige, wertschätzende und reflektierte Kommunikation untereinander zu pflegen.

---

[82] Walsch, Neale D.: Gespräche mit Gott, Band 2, S. 180

[83] Vgl. Konzept: Aton-Schule, S.20

[84] Petersen, Peter: Der kleine Jenaplan

[85] *Aktives Zuhören* wird im Rahmen des Faches Lebenskunde/politische Bildung vorgestellt und eingeübt.

5.2.1 Heterogenität als Chance erleben

An einer Schule für alle[86] wird das gesamte Tun bestimmt durch die Vielfältigkeit der individuellen Persönlichkeiten, mit dem Ziel, dass Kinder und Jugendliche mit verschiedenen Fähigkeiten und Grenzen eng zusammenarbeiten.

Zahlreiche Erfahrungen von verschiedenen inklusiven Schulen in Deutschland, ob beispielhaft in Münster[87], Berlin[88] oder Hamburg[89] bestätigen die Chancen einer heterogenen Lerngemeinschaft.

Gerade unter Berücksichtigung dessen, dass hier Kinder jeder Begabung ebenso wie Kinder mit Beeinträchtigungen lernen und wirken dürfen, soll als besondere Chance und Herausforderung der Mitwirkenden der APS erfahren werden.

Die Lernbegleiter sind aufgefordert, die jungen Menschen immer wieder zu Toleranz, Mitgefühl, Geduld und dem Formulieren von Bedürfnissen und Grenzen einzuladen.

Durch die natürliche Heterogenität in den Klassen wird die soziale Kompetenz aller Beteiligten vertieft und die Individualität aller bekommt mehr Raum. Sie erkennen das Besondere jedes Einzelnen neben den kooperativen Teamprojekten in den Einzelprojekten[90] wie Referate, Buchvorstellungen, Präsentation von Praktika oder der

---

[86] Vgl. mittendrin e.V. (Hrsg.): Eine Schule für alle. Inklusion umsetzen in der Sekundarstufe.

[87] Berg Fidel Grundschule - http://www.ggs-bergfidel.de/ vom 01.05.2015

[88] Regine-Hildebrandt-Schule in Birkenwerda bei Berlin - http://www.hildebrandtschule.de/ vom 01.05.2015

[89] Schule Langbargheide Hamburg-Lurup - http://schule-langbargheide.hamburg.de/index.php/ vom 01.05.2015

[90] Jeder junge Mensch in seinen Möglichkeiten.

mit dem Betrieb vernetzten Facharbeit, wo die Lernenden durch ihr Lehren das Gelernte vertiefen.[91]

Besonders freudvoll wird bei den gemachten Erfahrungen sein, dass alle voneinander lernen können und die jungen Menschen am Ende ihrer Schulzeit an der APS mit einer großen Fülle und einem inneren Reichtum in ihr weiteres Leben entlassen werden. Hier hat dann nicht nur ein empathischer „Lehrer" ihre Schulzeit begleitet, sondern eine lebendige und bunte Gemeinschaft diese Jahre geprägt, die sich nach ihrer Schulzeit nicht so schnell aus den Augen verliert und sich später eventuell auch wieder in beruflichen Kontexten findet.

5.2.1.1 Den ganzen Tag miteinander leben und lernen

Das gemeinsame Wirken und Tun über den ganzen Schultag spielt eine zentrale Rolle an der APS.

Die jungen Menschen erleben durch die Unterrichtsbausteine freudvolle und für sie bedeutende Momente, über die sie sprechen und diskutieren. Sie arbeiten in der Stille oder als Team, in Partnerarbeit, präsentieren eigene Themen, feiern Erfolge wie auch traditionelle und religiöse Feste in der Klassen- und Schulgemeinschaft.

Zum miteinander Leben gehören auch Aufgaben des täglichen Lebens, die für die eigene Person und auch für die Gemeinschaft wichtig sind. Diese werden zu späterer Zeit ausführlich beschrieben.

5.2.1.2 In Projekten miteinander arbeiten und voneinander lernen

Miteinander in Projekten arbeiten und voneinander lernen nimmt einen großen Teil des Unterrichtsalltages an der APS ein. Dabei muss die Sache „in den Brennpunkt

---

[91] http://de.wikipedia.org/wiki/Lernen_durch_Lehren vom 06.05.2015

rücken. Neugierde muss entfacht werden. […] Eine *gemeinsame* Hingabe an die Sache ist das Ziel."[92]

Neben den Erkenntnissen von Dewey, Frey und Gudjons wurden sowohl die Projekterfahrungen der Autorin, die gemachten Erfahrungen aus den Lernbegleiter-Personalentwicklungsmodulen 1 bis 4, als auch die drei APS-Schnuppertage in 2013 und 2014 berücksichtigt und für die APS die zwei folgenden Projekt-Phasenmodelle entwickelt.

In den APS-Projekten sollen die jungen Menschen immer mehr in die Eigenverantwortung gehen und von einst Betroffenen nun zu Beteiligten und kreativen Selbstgestaltern werden.

In der Regel dauern die fächer- und jahrgangsübergreifenden Großprojekte – egal ob ergebnis- oder prozessorientiert, ca. 4 bis 6 Wochen, so dass ein Projekt zum Beispiel nach den Sommerferien beginnt und kurz vor den Herbstferien endet. Im Schnitt gibt es also pro Schuljahr sechs große Projekte mit Projektpräsentationen.

An der APS unterscheiden wir ergebnis- und prozessorientierte Projekte, die meist von „Ferien zu Ferien" stattfinden.

Ein ergebnisorientiertes Projekt an der APS

Anwendung dieses Projekttyps:

- immer am Anfang jedes Schuljahres und dann optional abwechselnd zu den prozessorientierten Projekten
- Impulse durch ethische/religiöse/politische und aktuelle Anlässe
- in den prüfungsrelevanten BoZ-Fächern SOZIALES, WIRTSCHAFT und TECHNIK mit AWT ab Kl. 7
- in der Prüfungsvorbereitung ab Klasse 8

Ein ergebnisorientiertes Projekt wird in Phase 4 von den Lernenden mit Hilfestellung durch die Lernbegleiter oder

---

[92] Meyer-Drawe, 2010, S. 10

nach Fähigkeit, individuell oder in Partnerarbeit mit dem Lehrplan fächerübergreifend verbunden und bis Phase 6 realisiert.

Trotz der Vorgabe fachspezifischer Ziele zur Sicherung wichtiger Arbeitstechniken, haben die Lernenden bei dieser Projektart dennoch eigene Übungsspielräume und dadurch eine höhere Motivation, hierzu z. B. eine Zusammenfassung zu schreiben (Deutsch) oder einen Vergleich eines Produktes (AWT) anzufertigen.

Die sieben Phasen eines ergebnisorientierten Projektes an der APS

1. Projektimpuls in der Regel durch Fach-Lernbegleiter – das werden wir dazu machen. – Handout 1 und 2: Brainstorming und Projektskizze)
    => *Emotionen wecken!* Formulierung der **Zielangabe**

2. Arbeitstechniken und Grundlagen der Impuls-Projektaufgabe (Input bzw. Vorführung durch Fachlernbegleiter)

3. Das Projekt nach Vorgabe durchführen und erstes Ergebnis auswerten, z.B. Brotteig herstellen und Brot backen

4. Parallel dazu das Thema mit dem Lehrplan fächer- und jahrgangsübergreifend vernetzen - auch unter dem Aspekt der Zukunftsfähigkeit (Handout: Fachspezifische Projektlernpläne)

5. Das Projekt dokumentieren als PPP/ Bericht und/oder im individuellen Projektlernplan (teilweise parallel zu 3-4) => **Konzentrierte Lernphase!** (alleine)

6. Das Projekt gemeinsam auswerten, auch unter dem Aspekt der Nachhaltigkeit => *Zielüberprüfung*

7. Das Projekt in der Öffentlichkeit präsentieren.

Ein prozessorientiertes Projekt an der APS

Die prozessorientierten Projekte sind an der APS zunächst ergebnisoffen; das bedeutet, bei dieser Art von Projekt soll am Ende, wenn möglich, ein Produkt entstehen, aber das „Wie" spielt hier eine größere Rolle.

Bei dieser Projektart dürfen die Lernenden auch einmal scheitern, um Misserfolgserfahrungen zu sammeln und diese im Rahmen des Feedbacks positiv zu verarbeiten.

Das Projekt wird während der Phase 2 bis 3 von den Lernenden individuell mit dem Lehrplan verbunden/vernetzt (alleine oder im Team) und bis Phase 5 auch realisiert. Das bedeutet, neben den Anforderungen des Lehrplans der aktuellen Jahrgangsstufe, kann der junge Mensch eigene Interessen durch das jeweilige Projektthema verbinden.

So ist es für die Lernenden noch motivierender und interessanter, eine Erörterung über das Projektthema zu schreiben oder mathematische Fragestellungen am Beispiel des Projektthemas aufzuzeigen, als an einem abstrakten Thema zu arbeiten, zu dem er/sie keinen Bezug hat.[93]

---

[93] Vergleiche auch die Ergebnisse der APS-Schnuppertage.

Die sieben Phasen eines prozessorientierten Projektes an der APS

1. Projektimpuls durch Lernbegleiter (im weiteren Verlauf in Absprache v.a. durch Lernende) – mit Handout 1 und 2: Brainstorming und Projektskizze

2. Projektideen sammeln über freies Brainstorming ebenso aber auch fächerspezifisch. So könnte man es machen oder: Das könnte man dazu machen
   => *Ziel formulieren*

3. Das Projekt planen und mit dem Lehrplan vernetzen => auch unter dem Aspekt der Zukunftsfähigkeit mithilfe fachspezifischer Projektlernpläne

4. Das Projekt durchführen z.B. Betriebserkundung, Versuch, Theaterstück, Lied inszenieren

5. Das Projekt dokumentieren als PPP und im persönlichen Projektlernplan

6. Das Projekt gemeinsam auswerten => auch unter dem Aspekt der Nachhaltigkeit => *Ziel überprüfen*

7. Das Projekt in der Öffentlichkeit präsentieren

5.2.1.3   Sich professionell Feedback Geben und nehmen

„*Feedback* ist eine intentionale, verbalisierte Rückmeldung an eine Person über ihr Verhalten und dessen Wirkung auf andere."[94] Dies kann eine Person auch in der Selbstreflexion über sich selbst abgeben.

An der APS gibt es mindestens einmal am Tag, in der Regel am Ende jedes Vormittages eine Feedback-Runde im Klassenverbund. Hier werden Sozial- und Leistungs-

---

[94] http://de.wikipedia.org/wiki/Feedback_%28Gruppendynamik%29 vom 23.04.2015

verhalten unter die Lupe genommen und jeder Lernende[95] beurteilt in einem kurzen „Blitzlicht" seine eigene Leistung/bzw. sein Verhalten über den Vormittag hinweg.

Ebenso erhalten die jungen Menschen auf Anfrage im Rahmen von Präsentationen Feedback von ihren Mitlernenden und bei schriftlichen und mündlichen Leistungstests Feedback von ihren Lernbegleitern.

An der APS wird zwischen einer unreflektierten Rückmeldung, die man jemanden gibt, um seine eigene Meinung zu sagen und dem professionellen Feedback, um jemanden weiterzubringen, unterschieden.
Eine Handlungsanleitung für professionelles Feedback an der APS findet sich im Kap. 5.

Durch die regelmäßigen Blitzlicht- bzw. Feedback-Runden erlernen und vertiefen die jungen Menschen zahlreiche Kompetenzen wie eine gute Selbst- und Fremdeinschätzung, Kritikfähigkeit, Selbstreflexion, Kommunikationsfähigkeit, Weiterentwicklung des Selbstvertrauens, Offenheit und Ehrlichkeit.

Sie haben zudem durch diese Methode die Möglichkeit der Beziehungsklärung untereinander und eine Chance, hierdurch ihre Arbeits- und Kooperationsfähigkeit im Schulalltag zu verbessern.

5.2.2 Lehr-/Lernimpulse nutzen

Ein Impuls ist ein „Oberbegriff für alle beabsichtigten, unterrichtsbezogenen Verhaltensäußerungen Lehrender oder Lernender, die ein bestimmtes Lernverhalten auslösen sollen."[96]

Jeden Tag erhalten die jungen Menschen durch ihre Lernbegleiter oder ihre Mitlernenden an der APS Lehr- bzw. Lernimpulse im Rahmen von Projekten oder fachspezifischen Themen, die zum Nachdenken und im Wei-

---

[95] wenn möglich
[96] Glöckel, H.: Vom Unterricht

teren zum kreativen Handeln einladen sollen. Dabei sind verschiedene Dimensionen möglich, in denen die Lernenden im weiteren Verlauf aktiv werden.

Lernimpulse können stumme Impulse wie Bild- und Textimpulse, Gegenstände, originale Begegnungen[97], Kurzreferate, Filmausschnitte, Lernmaterialien, akustische Impulse oder andere Hilfsimpulse sein, die die Lernenden zum Denken und Handeln anregen.

Sie werden bei Projekten in der Regel in der Gesamtklasse im Kreis dargeboten und dann von den Lernenden im Rahmen der Projektphasen vertieft.

Fachspezifische Impulse werden eher in Kleingruppen von den Lernbegleitern dargeboten und dann über vorbereitetes Arbeitsmaterial von den Impulsnehmern vertieft.

Sie sollen zum Beispiel für Themeneinführungen oder für Wiederholungen genutzt werden, wenn sich einzelne Kinder in diesen Bereichen nicht mehr sicher fühlen oder den Stoff noch einmal vertiefen wollen.

Hier werden sie im Bedarfsfall von den Lernbegleitern eingeladen oder aber sie melden sich selbst dazu an.

5.2.3 Alleine an Zielen und mit Zielvereinbarungen lernen

„Der Langsamste, der sein Ziel nicht aus den Augen verliert, geht immer noch geschwinder, als jener, der ohne Ziel umherirrt."[98]

Jeden Tag gibt es neben Projekten und Fachstunden an der APS ein Zeitfenster, wo jeder Lernende alleine, bzw.

---

[97] Typisch: Der Lehrer nimmt den Bach durch. Er zeigt ein Bild. Er zeichnet an die Wandtafel. Er beschreibt. Er schildert. Er erzählt. Er schreibt auf. Er diktiert ins Heft. Er gibt eine Hausaufgabe. Er macht eine Prüfung. Hinter dem Schulhaus fließt munter der Bach vorbei. Quelle: unbekannt - aus: http://www.mehr-bewegung-in-die-schule.de/0416_typisch.htm vom 5.5.2015

[98] Gotthold Ephraim Lessing - Zitat

mit einem Inklusionshelfer, an vereinbarten individuellen Zielen arbeitet.

Hilfreich dabei sind für die jungen Menschen sowohl die individuellen Projekt-Lernpläne, die sie während der konzentrierten Lernphasen im Rahmen der offenen Ganztagesschule oder zu Hause bearbeiten, als auch individuelle und verbindliche Zielvereinbarungen, die am Anfang des Schuljahres mit Lernenden, Eltern bzw. Erziehungsberechtigten und Lernbegleitern im Rahmen des Entwicklungsgespräches festgelegt und in regelmäßigen Abständen überprüft und angepasst werden.

Dabei empfiehlt es sich, den Lernenden zum Schuljahresbeginn ein Leitmotto auswählen zu lassen, an dem er sich orientieren kann und das ihn bei der Zielerreichung unterstützen im Sinne eines mentalen Verstärkers unterstützen soll.[99]

Da Lernen das Persönlichste auf der Welt ist, „so eigen wie ein Gesicht oder wie ein Fingerabdruck und noch individueller wie das Liebesleben",[100] müssen wir dem Lernenden nicht nur Zeitfenster, sondern auch die Lernumgebung bereithalten, damit er dieses ganz persönliche Lernen erfahren kann. Darauf zielt die konzentrierte Lernphase der APS.

5.3   Zur Struktur des Unterrichts

5.3.1   Der Lernort

Die Aktive Projekt-Schule plant ihren Standort in Stephanskirchen, einer Gemeinde mit über 10.000 Einwohnern und 48 Ortsteilen. Es liegt ca. 5 km von Rosenheim/Oberbayern entfernt und verfügt über eine gute Busanbindung (Takt: alle 30 bis 60 Minuten). „Stephanskirchen ist eine der größten Gemeinden im oberbayeri-

---

[99] Vilmar, Gerhard: Der Mental-Coach, S. 53 ff

[100] Heinz von Foerster, 1999 - Physiker und Mitbegründer des radikalen Konstruktivismus - Zitat

schen Landkreis Rosenheim. Rathaus und Sitz der Verwaltung befinden sich im Ortsteil Schloßberg. Stephanskirchen ist mit Bad Endorf, Riedering, Prutting und Söchtenau eine der fünf Simssee-Gemeinden."[101]

Für Projekte, Meinungsumfragen, Betriebserkundungen oder Praktika und für das OGtS[102]-Angebot *Soziale Verantwortung* für Klasse 5/6, ist es möglich, mit dem Rad oder zu Fuß zu den jeweiligen Orten zu gelangen, um den Lernenden ein hohes Maß an Flexibilität und Eigenverantwortung zu ermöglichen. Im Bedarfsfall soll im Endausbau ein Kleinbus einsetzbar sein.

In 5 bis 10-minütiger Fußweg-Entfernung kann man mitten in der Natur sein, so dass Spaziergänge[103] in der großen Pause oder der Mittagspause, Naturerkundungen und Kunstprojekte in und mit der Natur regelmäßig möglich sind.

Auch ist für den wöchentlichen Sportunterricht eine Sporthalle mit Schulrädern erreichbar.

Eine frühzeitige Kontaktaufnahme sowohl zur Kommune, dem Bürgermeister und dem Gemeinderat des Schulortes, als auch der evangelischen Kirche, Dienstleistungsbetrieben, Senioren-/ ggf. Behindertenheimen und Kindergärten ist dabei zeitnah anzuraten.

Die APS will eine kleine Schule[104] bleiben, weil sie zum einen den Lernenden einen persönlichen Lernrahmen bereithalten will und zum anderen eine hohe Qualifikation des Personals gewährleisten möchte.
Architektonisch erhebt die APS - auch wegen ihrer ressourcenschonenden Grundhaltung – zunächst keinen besonderen Anspruch, da sie ihre Schwerpunkte in der veränderten Lernumgebung und auch in ihrem kreativen,

---

[101]https://de.wikipedia.org/wiki/Stephanskirchen

[102] OGtS – Offene Ganztagsschule (am Nachmittag)

[103] „Am schöpferischsten sind wir sonderbarer Weise...träumend... beim Spaziergehen." aus: Hüther, Gerald: Was wir sind und was wir sein könnten, S. 128

[104]maximal vier Klassen

projektorientierten und reflektierten Handeln innerhalb der ihr zur Verfügung stehenden Räume wahrnimmt.[105]

Jedes Klassenzimmer sollte auf jeden Fall über mindestens 70 qm verfügen. Wichtig ist zudem, dass jede Klasse einen weiteren Arbeitsraum zur Differenzierung hat. Das kann ein abgetrennter Arbeitsraum sein oder eine Lernnische für circa vier bis maximal sechs Lernende[106]. Die Lernräume sind barrierefrei zu gestalten. Arbeitsräume und Flure sollen von den jungen Menschen im Rahmen von Kunstprojekten sowohl ästhetisch ansprechend, als auch fröhlich und bunt gestaltet werden.

5.3.2 Das neue Klassenzimmer

Da der Unterricht an der Aktiven Projekt-Schule auf aktivem, projektorientiertem als auch konzentriertem Lernen beruht, finden sich dort wenige frontale Unterrichtssituationen. Diese sind eher als Impulsvorträge und Kurz-Präsentationen zu beschreiben, welche meist in kleinen Lerngruppen und im Halbkreis gehalten werden.

Somit wird an der APS das in Reihen- bzw. in Gruppen- oder in U-Form Sitzen abgelöst durch einen Ganz-/Halbkreis, wobei eine Tafel oder andere Präsentationsfläche an einer Seite des Raumes platziert ist.

Jeder Klassenraum sollte über einen feststehenden PC, Beamer und Drucker verfügen; die Kinder teilen sich in den Gründungsjahren zu zweit ein gebrauchtes Notebook; auf Dauer verfügt jeder Lernende über ein gebrauchtes Notebook für Recherche- und Dokumentationszwecke. Die Notebooks werden namentlich markiert. Es soll auf WLAN verzichtet werden. Die jungen Menschen verpflichten sich zu Beginn ihrer Schulzeit an der

---

[105] Im Sinne des Evangelischen Kirchentages, Mai 2013 mit dem Thema: „Soviel du brauchst!"

[106] ca. 15-20 qm

APS, mit dem zur Verfügung stehenden Material achtsam und sinnvoll umzugehen.

„Mitwachsende" Einzel-Arbeitstische für die Lernenden sollen im Endausbau, wenn machbar, aus Holz ggf. von Eltern angefertigt[107] oder noch besser aus zweiter Hand erworben und von den Kindern selbst kreativ bemalt werden. Geeignete Tische bzw. Sitz- und Stehmöglichkeiten für Kinder mit körperlichen Beeinträchtigungen werden über die Inklusionshelfer organisiert bzw. von Eltern, wenn möglich, aus zweiter Hand besorgt.

Die Mitwirkenden der APS bemühen sich in den ersten Jahren darum, gut erhaltenes Lernmobiliar, wie Tische, Stühle und Schränke aus zweiter Hand von anderen Schulen umsonst oder für einen geringen Preis zu erwerben.

Die Einzel-Arbeitstische stehen im APS-Klassenraum grundsätzlich an den Wänden bzw. vor den Fenstern und können bei Teamprozessen flexibel zu einem Gruppentisch zusammengeschoben werden. Die Stühle werden von den Lernenden je nach Bedarf in den Kreis oder zum eigenen Tisch gestellt.

Die Lernenden verfügen im Klassenraum über ein eigenes Regalfach, in dem sie ihr persönliches Lern- und Arbeitsmaterial aufbewahren können.

In den Klassenräumen dienen Regale als Raumtrennungsmöglichkeiten. Lern-, übungs- und projektspezifisches Material liegt ästhetisch ansprechend und übersichtlich, teilweise in Jahrgangsstufen unterteilt, bereit. Dabei ist auf den Aspekt der Reizüberflutung im Klassenraum besonders einzugehen.

Nicht aktuell erforderliches Lernmaterial soll in Schränken ordentlich aufbewahrt werden. Generell verdienen die Lern- und Arbeitsräume aller Mitwirkenden besondere Wertschätzung.

---

[107] optional mit den Jugendlichen der APS im boZ-Fach Technik anzufertigen.

Das APS-Klassenzimmer
mit Hängeschränken und wenig Regalen im
Klassenraum;
größere Aufbewahrungsschränke befinden sich im
Differenzierungsraum

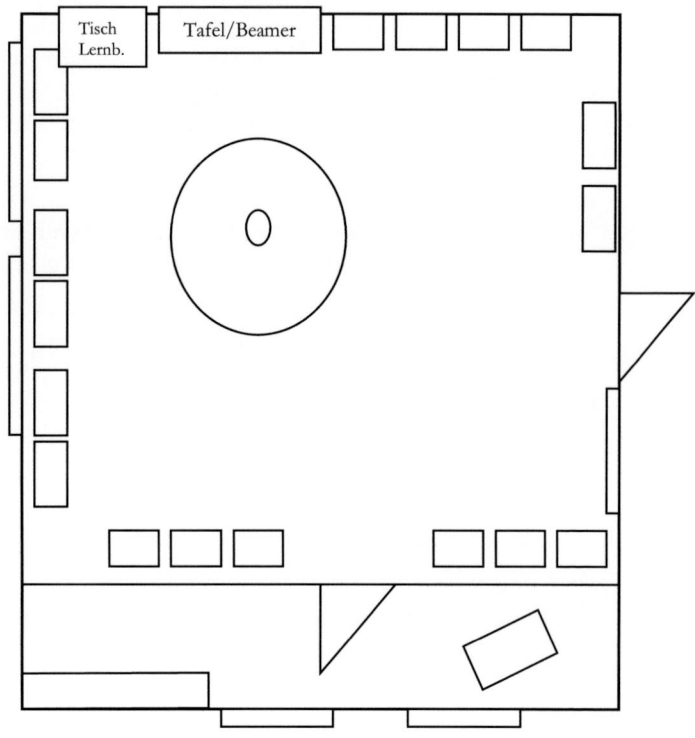

5.3.3 Ankunft am Morgen

„Alle sind anders verschieden. Sie begegnen sich in gegenseitiger Wertschätzung und Anerkennung und lernen von- und miteinander."[108]

Mit diesem Leitgedanken, wie ihn auch die inklusive Sophie-Scholl-Schule in Gießen formuliert, kommen alle am Schulsystem Beteiligten jeden Morgen in die Aktive Projekt-Schule.

In der Regel kommen die Lernenden nicht zeitgleich in der APS an, so dass ein Lernbegleiter schon 20 Minuten vor offiziellem Schulbeginn im Klassenzimmer ist und die Ankommenden persönlich mit freundlichem Händedruck begrüßt. Er nimmt sich Zeit für ein kurzes Gespräch mit einzelnen Lernenden.[109]

Ebenso bietet die frühe Ankunft einen Freiraum für freundschaftlichen „Ratsch" unter den Lernenden, zum Beispiel um zu klären, was vom Vortag bzw. -abend noch offen ist.

Kinder, die früher ankommen, haben ebenso die Möglichkeit, sich ihrem individuellen Projekt-Lernplan zu widmen.

Durch ein angenehmes akustisches Signal (zum Beispiel Gong oder Klangschale) werden die Lernenden zu Schulbeginn vom Lernbegleiter oder in Absprache von einer/m Mitlernenden in den Gesprächskreis zum Fach *Lebenskunde/ politische Bildung* eingeladen. Bei Bedarf wird eine gemeinsame Sitzkorrektur durchgeführt, um die jungen Menschen zu einer aufrechten Sitzhaltung am Tagesbeginn mit einem stillem Moment oder einem Gebet[110] einzuladen.

---

[108] Vgl. mittendrin e.V. (Hrsg.): Eine Schule für alle. Inklusion umsetzen in der Sekundarstufe, S. 319

[109] Kleine Konflikte lassen sich in der Regel in diesem Rahmen schon frühzeitig klären.

[110] Denn „Beten ist Wünschen, nur feuriger" –Zitat von Jean Paul

5.3.4 Gemeinschaft erfahren und sich politisch und religiös bilden

„Vertrauen wächst, wenn wir so reden, wie wir denken. Vertrauen wächst, wenn wir politisch Andersdenkende nicht diffamieren, sondern ernsthaft und ehrenhaft mit ihnen streiten. Vertrauen wächst, wenn wir mit politisch Verantwortlichen ehrlicher über Schwierigkeiten, Zwänge, Interessengegensätze reden."[111]

Eine lebendige, allen Religionen aufgeschlossene Schul- und Klassengemeinschaft ist ein wesentlicher Erfahrungsbaustein für den Aufbau von Vertrauen und gelingt am besten in einer heterogenen Klassengemeinschaft. Dabei darf die Gemeinschaft „keine Maske sein, unter der der eine lächelt und der andere weint."[112]

Gemeinsam aufgestellte und stets zu prüfende Regeln im Klassen- und Schulverband sind dabei genauso wichtig, wie das bedarfsorientierte Einsetzen des Klassenrats[113] als Instrument bei Konflikten und Regelverletzungen innerhalb einer Klasse.

Im Fach *Lebenskunde/politische Bildung* denken und sprechen die Lernenden im (Halb-) Kreis. Dieses Zeitfenster soll die jungen Menschen einladen, sich zunehmend für die aktuellen Themen in der Politik zu interessieren, eine demokratische Gesprächskultur und ein Ringen um ein zukunftsfähiges Handeln zu pflegen und einzuüben. Dabei haben immer auch religiöse Themen Raum, wenn sie politisch von Bedeutung sind oder aber Ereignisse im Schulalltag mit Religion in Beziehung stehen.

Über diese philosophischen Exkurse, erkennen die Kinder und Jugendlichen der APS zunehmend menschliche und ökologische Herausforderungen und Realisie-

---

[111] Süßmuth, Rita - Zitat

[112] Pompidou, Georges – Zitat
Dies meint vor allem Mobbing-Erfahrungen.

[113] Der Klassenrat soll an der APS in Anwesenheit eines Lernbegleiters stattfinden, der zur Wahrung und Achtung von Grenzen anwesend ist.

rungsmöglichkeiten im Klassen- und Schulverbund. Über das Planen und Durchführen von Schulaktions- und Projekttagen sorgen sie sich zunehmend um eine bessere (Um-)Welt vor Ort.

Auch im Kosmikunterricht werden Pro- und Contra-Diskussionen durch die Lernbegleiter bei geeigneten Themen gepflegt, um politische Bildungsprozesse anzuregen. Etwa ein Mal pro Schuljahr ist ein Besuch der Gemeinderatssitzung, des Land- oder Bundestages[114] verbunden mit Gesprächen mit den Politikern anzuvisieren.

In den monatlich (montags) stattfindenden Schulversammlungen zu aktuellen Schulthemen wie Ordnung, Gemeinschaft, Feiern und Projektpräsentationen, haben die jungen Menschen eine weitere Möglichkeit, sich als Gemeinschaft und Teil eines Ganzen zu erfahren.[115]

5.3.5 Der „Morgengruß" mit Bewegung, Gesang, Lachen oder Tanz

„Carpe diem"[116] meint „Nutze, nein - pflücke den Tag!" Ist das nicht ein wunderbarer Ausblick auf jeden neuen Morgen? Dieser Leitspruch spiegelt die aktive, positive und selbstverantwortliche Grundhaltung der Mitwirkenden der APS wider.

Der „Morgengruß" und damit das Willkommenheißen eines jeden Tages und des Lebens, findet in der Regel nach dem Fach *Lebenskunde/politische Bildung* statt, weil die

---

[114] unter Berücksichtigung von Mittel- und Oberstufenthemen

[115] Russel, Bertrand - Zitat: „Das Hauptproblem von Ethik und Politik besteht darin, auf irgendeine Weise die Erfordernisse des Gemeinschaftslebens mit den Wünschen und Begierden des Individuums in Einklang zu bringen."

[116] Horaz - Zitat

Lernenden nach dem konzentrierten miteinander Denken und Reden einer ersten Rhythmisierung bedürfen.[117]

Er steht für bewegtes, freudvolles und gemeinsames Leben und Lernen in der Klassengemeinschaft und dauert in der Regel 15-20 Minuten. Dabei steht die bewusste Wahrnehmung des eigenen Körpers und Geistes im Zentrum des Handelns.

Das gemeinsame Bewegen soll überwiegend von einem Lernbegleiter[118] geführt und angeleitet werden. Dabei werden Elemente von asiatischen Bewegungs-, Konzentrations-, Atem- und Meditationsübungen genutzt, die sich im Klassenverbund eignen wie dem chinesischen *Qi Gong*[119], dem indischen *Yoga*[120] oder dem deutschen *Pilates*[121].

---

[117] Dies bestätigten auch unsere Erfahrungen und die der Lernenden bei den APS-Schnuppertagen 2013 im Stadtjugendring Rosenheim.

[118] in der Regel die Lehrkraft

[119] Qi Gong - innere und äußere Energiearbeit zur Lebenspflege und Gesunderhaltung von Körper, Seele und Geist – Näheres unter: http://www.qi-gong-taiji.de/qi_gong.htm vom 29.04.2013

[120] Yoga - Yoga soll den Menschen zur Einheit verhelfen und ihm die Kontrolle über seine Antriebskräfte ermöglichen, so dass er seinen Weg zielgerichtet zur Befreiung vom Leiden führen kann. – Näheres unter: http://de.wikipedia.org/wiki/Yoga vom 29.04.2015

[121] Pilates - auch Pilates-Methode genannt, ist ein systematisches Ganzkörpertraining zur Kräftigung der Muskulatur, primär der Beckenboden-, Bauch- und Rückenmuskulatur. – siehe auch: http://www.pilates.de/ vom 30.04.2015

Für *Yoga*, *Pilates* und längere (Atem-)Meditationen werden im Mehrzweckraum Matten und Sitzkissen bereitgehalten, um ein gesundes Training mit ausreichendem Raum zu gewährleisten. Besondere Wertschätzung soll Übungen der bewussten Körperhaltung und -spannung zukommen und der Aufrichtung des Beckens.

Pilates meint hier vor allem die Stärkung der Bauchmuskulatur, das „Krafthaus-Powerhouse", was den Rücken stärkt und aufrichtet.

Eine Schulung der Grundlagen für *(Lach-)Yoga, Qi Gong, Pilates* und *Jonglieren* findet im Team-Teaching in den Schulferien und bei schulinternen Fortbildungen statt, die teilweise von externen Trainern mitgestaltet und vertieft werden.

Lach-Yoga[122] soll immer wieder angeboten werden und jede Woche mindestens einmal ein gemeinsames Lied[123] mit den jungen Menschen eingeübt werden, das sie in der Regel im Rahmen der Projekte selbst geschrieben haben. Dies stärkt nicht nur die Atmung, sondern sorgt nachweislich für eine positive Grundhaltung und hat eine heilsame und gesundheitsfördernde Wirkung.[124]

---

[122] Lach-Yoga - ist eine Form des Yoga, bei der das grundlose Lachen im Vordergrund steht. Die Lachyogaübungen sind eine Kombination aus Klatsch-, Dehn- und Atemübungen, verbunden mit pantomimischen Übungen.

„Die Ergebnisse der Lachforschung weisen darauf hin, dass Lachen gesund ist und das allgemeine Wohlempfinden steigert. Durch das Lachen würden entzündungshemmende und schmerzstillende Substanzen freigesetzt, Stresshormone abgebaut und das Immunsystem würde gestärkt. Auch würde der Sauerstoffaustausch im Gehirn erhöht, das Herz-Kreislaufsystem in Schwung gebracht, die Atmung verbessert und der Stoffwechsel angeregt. Lachen könne auch helfen, Stress abzubauen." – siehe: http://de.wikipedia.org/wiki/Lachyoga#Wirkung vom 29.04.2015

[123] Singen - Vgl. http://www.schwingung-und-gesundheit.de/Heilsame-Wirkung-von-Gesang.html vom 29.04.2015 Am besten ist es, wenn die Lernenden die Lieder im Rahmen der Projekte selbst texten und optional komponieren.

[124]

Bei schönem Wetter kann der bewegte „Morgengruß" teilweise auch im Freien[125] vollzogen werden.

Zur Verbesserung der Konzentrationsfähigkeit sollen die Lernenden, wenn möglich, einmal in der Woche als „Morgengruß" im Mehrzweckraum oder im Freien jonglieren[126] und/oder sich im Klassenzimmer zur Stärkung der rechten und linken Gehirnhälfte mit Techniken aus der *Kinesiologie*[127] vertraut machen, die ihre Konzentrationsfähigkeit stärken.

Die Lernenden können natürlich auch selbst ihre Fähigkeiten im „Morgengruß" einbringen. Schon nach dem ersten Schnuppertag bot sich eine Jugendliche an, am zweiten Schnuppertag eine Einführung für *Kung-Fu* zu machen, was in der Lerngruppe in der praktischen Umsetzung auf große Begeisterung stieß. Dies bedeutet im Sinne des „Lernens am Modell"[128], dass die Lernbegleiter hier als Impulsgeber fungieren sollen, so dass der „Morgengruß" auch bei Eignung in die Verantwortung der Lernenden gegeben werden kann. Wichtig ist, dass die jungen Menschen sich vorab mit den Lernbegleitern absprechen, was sie einbringen wollen. Dies kann ein einfacher und lustiger Tanz oder eine andere bewegte Aktivität[129] sein, die sie eventuell besser können als ihre Lernbegleiter.

In den Klassenzimmern und vor allem im Mehrzweckraum ist für den bewegten „Morgengruß" jeweils ein Skelett als Modell mit Gehirn, Herz und Blutgefäßen vorhanden, ebenso wie Plakate zu den Gefäßen und der Muskulatur des Menschen, um so anschaulich wie möglich zu machen, dass Bewegungs- und Konzentrationsübungen

---

[125] in der Regel auf dem Schulhof

[126] Wirkungen von Jonglieren:
http://www.jong.de/divers/wirkung.html vom 30.04.2015

[127] Kinesiologie – Übungen zur Stärkung von Konzentration und zum Abbau von Lernschwierigkeiten; siehe auch: http://www.lernen-heute.de/kinesiologie.html vom 29.04.2015

[128] Bandura, Albert – „Lernen am Modell"

[129] mit oder ohne Musik

für das Gehirn und den Körper wichtig sind und Lernprozesse positiv beeinflussen.

Sicherzustellen ist bei allen Aktivitäten beim „Morgengruß", dass die Lernbegleiter den Rahmen setzen und die Grenzen des Machbaren im Blick behalten. Die Möglichkeiten von Kindern mit besonderem Hilfebedarf sollen angesprochen werden.

Das Ziel ist, dass jeder Teilnehmer Raum findet, sich beim „Morgengruß" mit seinen Fähigkeiten einzubringen und Spaß an der Bewegung hat.

An der APS werden die jungen Menschen von den Lernbegleitern immer wieder bei schönem Wetter in der großen Pause zu einem Spaziergang[130] eingeladen, um die Natur und deren stete Veränderung bewusst wahrzunehmen und um die Pause, gerade für die Jugendlichen, bewegter zu gestalten.

5.3.6 Einführen neuer Themen durch Lehrimpulse

In Kap. 5.2.2 wurde schon eingehend dargestellt, was Lehr- bzw. Lernimpulse sind und welchen Nutzen sie haben.

Der Lernbegleiter hat dabei die Aufgabe, den Lernenden regelmäßig mittels Lehrimpulsen neue Themen nahezubringen bzw. Bekanntes noch einmal zu wiederholen und zu vertiefen. Dabei müssen die didaktischen Prinzipien, wie sie Comenius vorgibt, Beachtung finden.

Die Einführung von Lehrimpulsen sollte bei Projekten gemeinsam im Klassenverbund und ansonsten in Kleingruppen, bzw. individuell erfolgen.

Danach soll geeignetes Anschauungs-, Lern- und Übungsmaterial bereitgehalten werden, damit die Lernenden im Anschluss die neuen Lerninhalte festigen können.

---

[130] Die Pausenerfahrung an den Schnuppertagen zeigte, dass die Lernenden dies gerne annahmen. Nur wenigen entschieden sich, dazubleiben.

Die Lehrimpulse dauern an der APS in der Regel maximal 15 Minuten und sollen die Lernenden zur Selbsttätigkeit und mitunter zum ersten Philosophieren einladen.

5.3.7 Individuelle Förderung und Differenzierung im inkludierten M- und R/M-Zug

„Ich – ich," sagte Elizabeth Ann, „ich weiß gar nicht, in welcher Klasse ich nun bin. Ich bin zweite Klasse Rechnen und siebte Klasse Lesen und dritte Klasse Rechtschreibung – welche Klasse bin ich denn nun eigentlich?" Die Lehrerin lachte. „Du bist überhaupt keine Klasse. Du bist Betsy, und damit gut. Es spielt doch gar keine Rolle, in welcher Klasse du gerade bist, findest du nicht? Warum solltest du Babygeschichten lesen, die für dich zu leicht sind, nur, weil du dein Einmaleins nicht kannst?" [131]

Diese Anekdote macht deutlich, welcher Herausforderung sich Schule im 21. Jahrhundert stellen kann: das Anerkennen des Individuums, die Achtung der Person und deren Einzigartigkeit, aber auch das Vertrauen in die individuellen Möglichkeiten des jeweiligen Menschen.

Gerade unter dem Aspekt der Hereinnahme von Kindern mit deutlichen Beeinträchtigungen, will sich die APS mit ihren Lernbegleitern dieser Aufgabe stellen und danach streben, Kinder jedweder Begabung zu fördern und nötige Differenzierungsmöglichkeiten anzubieten. Die Lernbegleiter orientieren sich hinsichtlich der individuellen Bedürfnisse der Kinder mit Beeinträchtigungen an den Erfahrungen schon inklusiver Schulen.[132]

„Deshalb ist es durchaus eine der ersten Forderungen an den denkenden und wachsamen Lehrer, in dieser, wie in anderer Beziehung die Kunst des Individualisierens zu üben und daher auch auf Geschlecht, Temperament, geis-

---

[131] Canfield Fisher, Dorothy: Das allerbeste Apfelmus, 1917
[132] Beispiele dazu finden sich in: mittendrin e.V.: Eine Schule für alle, S.146-223

tige Begabung, Alter und Bildungsstufe der Schüler verständige Rücksicht zu nehmen. (...) Und so ist vor allen Dingen Beobachtung, Aufmerksamkeit und psychologischer Blick und Takt erforderlich, um die Gemüter individuell richtig zu erfassen, zu beurteilen, und, was die Hauptsache ist, ihrer Individualität gemäß, überhaupt richtig und erfolgreich zu erziehen."[133]

Die individuelle Förderung und Differenzierung ist dabei mit dem Einstufungstest zu Schulbeginn, den vielfältigen Projekten, den individuellen Projekt-Lernplänen und Lehrimpulsen, den Entwicklungsgesprächen und der Doppelbesetzung in der konzentrierten Lernzeit gewährleistet.

5.3.8 Konzentriertes Lernen mit persönlichen Projekt-Lernplänen

„Traue den Menschen anspruchsvolle Ziele zu, und sie werden sich bemühen, deiner Erwartung zu entsprechen."[134]

Auch wenn das Kind - laut Maria Montessori - der *Baumeister seines Selbst* ist, ist gerade in der Sekundarstufe festzustellen, dass die Lernenden durch Hilfestellungen wie einen geordneten Rahmen, klare Vorgaben, gelungene Motivierung und Zusammenarbeit auf Augenhöhe, die Phase der Pubertät mit ihren ganzen Höhen und Tiefen, positiver bewältigen.

Dabei eignen sich insbesondere persönliche Projekt-Lernpläne, an denen den jungen Menschen sowohl während der konzentrierten Lernzeiten, als auch zuhause eine gute Struktur zur Verfügung steht, was es aktuell für sie zu tun gibt und was sie darüber hinaus erreichen können.

---

[133] Schnell, K.F.: Die Schuldisciplin. Als wissenschaftlich geordnete Kunde, Berlin 1850.

[134] Bosco, Don Giovanni - Zitat

Schon vor Beginn der konzentrierten Lernphase ist es essentiell, für eine angenehme und ruhige Lernatmosphäre zu sorgen, was am besten zu zweit möglich ist. Deshalb sind in dieser Lernzeit in der Regel zwei Lernbegleiter (Lehrkraft und zum Beispiel Erzieher) anwesend, um diese besonders stille Lernatmosphäre zu gewährleisten.[135]

Kinder mit dem Förderschwerpunkt auf geistiger Behinderung werden in dieser Zeit individueller und bei Bedarf in einem anderen Lernraum von ihren Inklusionshelfern betreut und arbeiten gemeinsam an individuellen Zielen.

Lernende mit Konzentrationsschwierigkeiten erhalten bei Bedarf Kopfhörer, die Raumgeräusche reduzieren. Durch die Doppelbesetzung können Differenzierungsangebote für unruhigere Kinder[136] gemacht werden.

Folgende Struktur sollte bei der Gestaltung der konzentrierten Lernphase von den Lernbegleitern eingehalten werden:

- Zuvor **muss** eine aktive und gruppendynamische Phase stattgefunden haben, wie Projekte oder eine längere Pause, stattgefunden haben.[137]
- Im Gesprächskreis soll zügig und klar geplant werden, wer was im Weiteren in seinem individuellen Projekt-Lernplan machen möchte. Dies notiert ein Lernbegleiter in ein
  Beobachtungsprotokoll, das in dieser Phase eine strukturierende und straffende Steuerungsfunktion hat.

---

[135] Laotse: „Verantwortlich ist man nicht nur für das, was man tut, sondern auch für das, was man nicht tut."

[136] meint Kinder und Jugendliche mit ADHS und andere Teilleistungsstörungen.

[137] Die Schnuppertage haben gezeigt, dass die Kinder nach einer gemeinsamen aktiven Phase die stille und konzentrierte Lernzeit im Anschluss richtig genossen haben und ihnen beide Male die eigene Lernzeit zu kurz schien.

- Nach einem Stille-Ritual und eventuell einer kurzen Übung zur Konzentrationsstärkung haben die Kinder und Jugendlichen zwei Minuten Zeit, an ihren Einzelplatz zu gehen und ihr Arbeitsmaterial bereitzulegen. Nebengespräche sind hier, wie auch in Kreisgesprächen, unpassend und sollten deutlich konfrontiert werden.[138]

- Über ein angenehmes akustisches Signal (zum Beispiel Gong/Klangschale) wird durch einen Lernbegleiter die konzentrierte Lernphase „eröffnet". An der Tafel wird die Zeit notiert, bis wann in der Stille gearbeitet werden soll. Dasselbe Signal beendet die konzentrierte Lernzeit.

- Ein Lernbegleiter[139] ist stets da, um bei individuellen Fragestellungen im Flüsterton Hilfestellung zu geben. Sind größere Probleme bei der individuellen Erarbeitung[140] erkennbar, wird dies notiert und baldmöglichst im Rahmen eines Lehrimpulses aufgefrischt bzw. erneuert[141]. Hierzu werden auch andere Kinder eingeladen, die eventuell ebensolche Probleme bei einem Thema haben. Diese Lehrimpulse finden immer vor oder nach einer konzentrierten Lernzeit statt, um Unruhe zu vermeiden.

- Auf Störungen muss **sofort** reagiert werden, um die besondere Lernatmosphäre, auch für die Zukunft, zu gewährleisten.

- Per Klangsignal wird das Ende der besonderen Arbeitszeit angekündigt.

---

[138] Eine Rückmeldung in der Ich-Form ist dringend geboten.

[139] Die Lernbegleiter notieren wichtigen Beobachtungen in ihr Protokoll.

[140] Aristoteles: „Es gibt Dinge, die wir lernen müssen, bevor wir sie tun können."

[141] Dem/der Lernenden wird dann eine bewältigbare Aufgabe im Lernplan empfohlen, die er/sie stattdessen machen kann, falls er/sie selber gerade nicht weiß, was er/sie alternativ tun kann.

- Im Anschluss räumen die Lernenden ihren Arbeitsplatz auf und kommen mit ihren Ergebnissen zügig zur Präsentation in den Kreis.
- Dort präsentieren sie in der Regel blitzlichtartig ihre Ergebnisse und geben sich ein eigenes Feedback zu ihrer Leistungsfähigkeit während der konzentrierten Lernzeit. Optional geben die Lernbegleiter auf Nachfrage Feedback.

Die konzentrierte Lernphase ist eine „Zeit der Stille" und des „in sich Hineinhörens". Die jungen Menschen dürfen an der APS zu dieser Zeit ihren „Kopf rauchen" und ihr „Gehirn schalten hören", ebenso wie sie das Fallen eines Bleistifts als Störung ihrer Denkleistung wahrnehmen können. Diese Zeit wird eine besondere Herausforderung an der APS für die Lernbegleiter als auch die Lernenden darstellen und soll immer wieder mit den Kindern im anschließenden Abschlussfeedback reflektiert werden, damit eine Zielerreichung sichergestellt werden kann. Kinder mit besonderen Beeinträchtigungen, die diese Stille-Phase nicht leisten können, sollen wie schon erwähnt, in dieser Zeit mit einem Lernbegleiter im Nebenraum arbeiten bzw. mit einem Inklusionshelfer in einer anderen Lernumgebung den geplanten Zielen nachgehen. Von Ferien zu Ferien sind in der Regel von den Lernbegleitern individuelle und damit für jeden Lernenden machbare Projekt-Lernpläne zu planen, die mit den Lehrplanthemen vernetzt sind.

5.3.9 Stille-Rituale und Rhythmisierung

„Es gibt kaum etwas, dass dem westlichen Menschen so fehlt wie die Stille, kaum etwas, das ihm so schwerfällt, wie die Übung der Stille. Der Lärm hält uns in seinem Bann, der Lärm der Welt, aber mehr noch das innere Getön der uns bewegenden Sorgen, der unterdrückten Gefühle, Süchte und Sehnsüchte, vor allem aber das Stöhnen, das aus der Spannung zu unserem unbefreiten Wesen stammt."[142]

Die Aktive Projekt-Schule führt täglich Stille-Rituale[143] durch, um den jungen Menschen neben dem Gebet, diese wesentlichen inneren Erfahrungen zu ermöglichen[144], aber auch um die Lernenden dabei zu unterstützen, bewusst die lauten von den leisen Phasen zu unterscheiden und die Qualität der Achtsamkeit zu erkennen.

Ebenso sind im inklusiven Ganztagsschulbetrieb Erholungs- und Entspannungsphasen erforderlich, wo die Kinder und Jugendlichen Raum für freies Spiel, Bewegung und Gespräch haben. Daher sind die Lernbegleiter und die Inklusionshelfer von Kindern mit Beeinträchtigungen aufgefordert, für sich und die Lerngemeinschaft für Rhythmisierung – also für einen gelungenen Wechsel zwischen Lern- und Erholungsphasen zu sorgen.[145]

5.3.10 Übungsstunden

Vieles Unwichtige kann wieder aus unserem Gedächtnis gelöscht werden, doch die Essenz, das wirklich Bedeutende sollten wir stets wiederholen, damit wir es in entscheidenden Lebens- und Prüfungssituationen nahezu routiniert wiedergeben können, so als wäre es ein Spaziergang.

Wenn sich also die Übungsstunden dauerhaft wie der bewegte *Morgengruß* als erholsame Phase anfühlen sollen,

---

[142] Graf Dürckheim, Karlfried - Zitat aus: Zen und wir

[143] Anregungen hierzu finden sich in: Pfeiffer, Karin: Rituale der Stille

[144] Denn „der um die Erfahrungen der inneren Welt betrogene Mensch ist verstümmelt, auch in seiner interpersonalen Erfahrung und seiner Wahrnehmungsfähigkeit. Als solcher wird er befähigt, sich an der Ausrottung anderer >>normal<< zu beteiligen." aus: Sölle, Dorothee: Die Hinreise, S.45

[145] mittendrin e.V. *Hrsg.* (2012): Eine Schule für alle. Inklusion umsetzen in der Sekundarstufe, S. 258-259

empfiehlt es sich, diese stets an denselben Tagen zur selben Zeit stattfinden zu lassen.[146]

Die Übungsstunden finden an der APS zweimal pro Woche vor der Mittagspause je 30-45 Minuten statt.[147]

5.3.11 Fachunterricht

Der Fachunterricht an der APS strebt danach, sowohl immer wieder Impulsgeber für die ergebnisorientierten Projekte zu sein, als auch die Vertiefung von Lerninhalten bei den Lernenden anzuregen und zu realisieren.

Wie die Heterogenität auch im Fachunterricht zu verwirklichen ist, zeigen eindrücklich die Ideen zahlreicher Lehrkräfte mit Inklusionserfahrung,[148] an denen sich die Lernbegleiter orientieren können.[149]

5..3.11.1 *Englisch als erste Fremdsprache*

„Jede neue Sprache ist wie ein offenes Fenster, das einen neuen Ausblick auf die Welt eröffnet und die Lebensauffassung weitet."[150]

Der Englischunterricht findet an der APS überwiegend während der Zeit für Lernimpulse und fachspezifische Lernphasen für Englisch statt.[151] Dabei wird je nach

---

[146] Rousseau, Jean-Jaques – Zitat: „Körperliche und geistige Übungen sollen sich stets gegenseitig zur Erholung dienen."

[147] Auch die Kumon-Lerncenter empfehlen, dass die Übungsphasen in Einzelarbeit oder in flüsternder Partnerarbeit (gegenseitiges Abfragen) durchgeführt werden sollen.

[148] mittendrin e.V. *Hrsg.* (2012): Eine Schule für alle. Inklusion umsetzen in der Sekundarstufe, S. 93ff

[149] Die Berücksichtigung der individuellen Persönlichkeiten einer heterogenen Lerngruppe verlangt eine Individualisierung der Lernziele.

[150] Harris, Frank - Zitat

[151] An der APS soll der Lernbegleiter im Englischunterricht überwiegend Englisch sprechen und die Lernenden einladen, ebensolches zu tun. Ebenso kann immer wieder im Gedanken des vernetzten Lernens

Leistungsniveau weitgehend individuell auf den aktuellen Leistungsstand der Kinder eingegangen. Entsprechende Materialien wie Englischbücher, CDs, Übungsmaterial mit Qualitätskontrollmöglichkeiten werden im Klassenzimmer für die jeweiligen Jahrgangsstufen bereitgehalten.

Von Ferien zu Ferien (bzw. von Unit zu Unit) werden in der Regel während der konzentrierten Lernphasen Leistungskontrollen geschrieben, welche die Kinder im Anschluss selbst mit einem Lösungsblatt und grünen Farbstift korrigieren und dann erst dem Lernbegleiter zur zweiten Durchsicht geben.[152]

Um einen sicheren Umgang mit der Sprache anzustreben, sollen die Kinder und Jugendlichen an der APS jedes Projekt, an dem sie mitwirken, stets neben den klassischen Anforderungen, mit der englischen Sprache vernetzen.

Dabei sollen sie das Hören, Sprechen und Schreiben im Englischen vertiefen, indem sie zum Beispiel passende englische Lieder zum Projekt (er)finden, anhören, sprechen und/oder (miteinander) singen. Sie können über ihr Projektthema Emails, Briefe, Dialoge schreiben und englische Texte zu den Projektthemen recherchieren und (vor)lesen. Die individuellen Vernetzungen notieren sie in ihre Projekt-Lernpläne und dokumentieren/präsentieren diese.

Darüber soll an der APS zweisprachiger Unterricht von den Lernbegleitern bei einfachen unterrichtlichen Themen und sich wiederholenden Rituale angeboten wer-

---

auch während anderer Unterrichtsphasen in Englisch gesprochen werden. Dabei ist wichtig, dass komplexere Sachverhalte im Anschluss immer noch vom Lernbegleiter oder noch besser, von anderen Lernenden ins Deutsche übersetzt werden, damit alle den Inhalt verstanden haben.

[152] Dieses Vorgehen unterscheidet sich nicht von den Mathematik- und Deutsch-Lernkontrollen.

den[153]. Dauerhaft wird Englisch hier auch gerne mit dem Deutschen ersetzt.

Geeignete Möglichkeiten für bilingualen Unterricht finden sich an der APS beim aktiven Morgengruß, teilweise bei GSE-Projekten, bei den Aufgaben des täglichen Lebens und eingeschränkt beim APS-Feedback am Ende jeden Tages.

5.3.11.2 Kosmischer Projektunterricht

„In Wirklichkeit aber ist kein Ich, auch nicht das naivste, eine Einheit, sondern eine höchst vielfältige Welt, ein kleiner Sternenhimmel, ein Chaos von Formen, Stufen und Zuständen, von Erbschaften und Möglichkeiten."[154]

Der kosmische Projektunterricht findet einmal in der Woche an einem Vormittag nach dem „Aktiven Lernen"[155] über insgesamt viermal 45 Minuten statt und wird in der Regel von einem Lernbegleiter (=Lehrkraft) vorbereitet, geplant und durchgeführt. An diesem Tag ist keine Zweitbesetzung geplant. Kinder mit besonderem Hilfebedarf werden im Bedarfsfall von ihren Inklusionshelfern ergänzend unterstützt.

Im Kosmikunterricht sind die Lehrplaninhalte der Fächer PCB und GSE abgebildet. Da jahrgangsübergreifend gearbeitet wird, werden in Rücksprache mit den Lernenden Themenschwerpunkte vereinbart, bei denen eine Vertiefung von großem Interesse und prüfungsrelevant ist.

Der Lernbegleiter bereitet dabei den Tag in der Regel als ergebnisorientiertes (Kurz-)Projekt[156] unter Anwendung der entsprechenden Projektphasen vor.

---

[153] Zuerst auf Englisch und dann bei Bedarf ins Deutsche übersetzen (lassen).

[154] Hesse, Hermann – Zitat aus: Der Steppenwolf

[155] Im Stundenplan der APS wird das Fach: *Lebenskunde/politische Bildung* und der *Morgengruß* als „Aktives Lernen" abgebildet.

[156] Der Umfang des jeweiligen Kosmik-Projektes variiert nach Wichtigkeit (Prüfungsrelevanz) und Interesse.

Eine Vernetzung mit den laufenden Projekten ist erwünscht, so dass passende Aufgabenstellungen in die persönlichen Projekt-Lernpläne eingearbeitet werden können.

An diesem Tag sollen auch Ausflüge zu Museen, Universitäten oder historischen Stätten, wie zum Beispiel der Besuch der KZ-Gedenkstätte in Dachau (Kl. 8-10 Oberstufe) durchgeführt werden.

5.3.11.3   *WTG[157] Kl. 5-6 mit AWT und der boZ Wirtschaft/Technik und Soziales mit AWT Kl. 7-10*

Da die APS überwiegend in Projekten denkt und handelt, ist es ab Klasse 5 selbstverständlich, dass die Kinder im Rahmen des Faches WTG (Werken und Textiles Gestalten) und AWT(Arbeit-Wirtschaft-Technik) ihre Projektthemen mit den Themen des Fachunterrichts verbinden. Ihre Projekte präsentieren sie baldmöglichst mit der Präsentationstechnik *Power-Point*. Dies bedeutet, dass sie frühzeitig mit dem Computer und seinen Möglichkeiten vertraut gemacht werden, was teilweise auch im Team-Teaching innerhalb der Lerngruppen erlernt wird.

Durch die Projekterfahrungen – auch im Bereich „Soziales" – werden die Lernenden frühzeitig an die verschiedenen berufsorientierenden Zweige herangeführt, so dass sie schon nach der 6. Klasse entscheiden können, welches Vertiefungsgebiet sie wählen.

Die berufsorientierenden Fächer *Wirtschaft/Technik* und *Soziales* können an der APS daher ab der 7. Klasse, wenn möglich, vierstündig unterrichtet werden, wobei eine Stunde davon – ein bis zwei Tage vorher - dafür genutzt wird, um den Ablauf der kommenden drei praktischen Stunden durchzusprechen.

Die Fachlehrkräfte für die boZ[158]-Fächer sind angehalten, sehr projektorientiert zu arbeiten und eine enge

---

[157] WTG: Werken und Textiles Gestalten

[158] boZ – berufsorientierender Zweig

Vernetzung mit den Lernbegleitern für das Fach AWT anzustreben, das schon ab der 5. Klasse Beachtung findet. Die Planungsstunde soll in Absprache mit dem BoZ-Lehrer von der AWT-Lehrkraft übernommen werden, jedoch nur, wenn dies gut absprechbar ist.

Die veränderte Prüfungsordnung, von den Einzelprüfungen in Hauswirtschaft/Kommunikationstechnik und gewerblich-technischer Bereich und AWT - zur Projektprüfung *Soziales/Wirtschaft/Technik* mit *AWT* stellt für die Jugendlichen der APS eine große Chance dar, weil sie schon ab der 5. Klasse verstärkt in Projekten denken und handeln. Damit ist ihnen die Struktur der Projektprüfung bekannt, so dass sie den Ablauf dieser Prüfung beinahe als Routine erleben dürften.

5.3.11.4   *Religion[159] /Ethik*

„Die Auseinandersetzung mit uns selbst sollte uns immer in die Hinwendung zu Gott führen."[160]

Der Religionsunterricht soll ein- bis zweimal pro Woche am Morgen alternativ zum Fach *Lebenskunde/politische Bildung* stattfinden. Mit den Kirchen vor Ort soll ein guter Kontakt gepflegt und im Sinne der Teilhabe ein- bis zweimal pro Schuljahr besondere Gottesdienste mitgestaltet werden.

Die Lehrplanthemen des Religionsunterrichts und des Faches Ethik werden ebenso im Rahmen der Projekte vernetzt wie es bei den anderen Fächern üblich ist.

Zudem sind einige Lehrplanthemen des Faches Ethik und Religion im Fach *Lebenskunde/politische Bildung* eingebunden. Denn hier entstehen oft die Grundfragen allen

---

[159] „Die Sprache der Religion ist gesammelte Erfahrung, die lebendig nur dort wird, wo sie aus Erfahrung auf Erfahrung hin spricht." Aus Sölle, Dorothee: Die Hinreise, S. 42

[160] Klotz, Andreas - Zitat

menschlichen Handelns mit den Schlüsselfragen: *Wer bin ich? - Und wie soll ich mich (richtig) verhalten?*

Im jahrgangsübergreifenden Religionsunterricht werden dann die aktuellen Fragestellungen aus den Morgenbesprechungen vertieft. Hierbei sollen vor allem als Hilfestellungen neben dem Vorbild des historischen Jesus, christliche Vorbilder aus der Geschichte und Gegenwart herangezogen werden, insbesondere Paulus, Augustinus, Martin Luther mit Philipp Melanchthon, Paul Gerhardt, Dietrich Bonhoeffer und Dorothee Sölle.

Ebenso sollen aber auch Vorbilder aus anderen Religionsrichtungen wie Mahatma Gandhi oder der Dalai-Lama vorgestellt und vertiefter behandelt werden.

Im Religions- und Ethikunterricht der evangelischen Gemeinschaftsschule soll zudem folgenden Begriffen, die uns in der Geschichte und Gegenwart religiös und ethisch geprägt haben und noch prägen, Zeit eingeräumt werden:

- Leistung unter Berücksichtigung der Rechtfertigungslehre,
- Glaube, Liebe, Hoffnung, [161]
- Leiden,[162]
- Geburt, Leben, Sterben und Tod,
- Himmel und Hölle auf Erden,
- vom Tod ins Leben[163],
- Schuld und Sünde, [164]

---

[161] „Nichts kann uns scheiden von dem unendlichen Leben, in das wir im Glauben eingewilligt haben; nichts kann den Tropfen vom Strom trennen, in den er gehört, nicht als etwas Überflüssiges oder Wesenloses, sondern als das, was den Strom überhaupt konstituiert." Aus: Sölle, Dorothee: Die Hinreise, S. 21

[162] Zur Kritik des christlichen Masochismus, Vgl. Sölle Dorothee: Die Hinreise, S. 17-41

[163] Christsein heißt: „Wir sind hinübergegangen, wir haben den Tod transzendiert. Unser Weg kann nicht biologisch beschrieben werden: erst geboren werden und dann sterben, sondern umgekehrt: aus dem Tode ins Leben übergehen." aus Sölle, Dorothee: Die Hinreise, S. 21

- Gerechtigkeit und Frieden in einer globalisierten Welt,
- Bewahrung der Schöpfung.

Im Gedanken des vernetzten Lernens sollen diese Begriffe idealerweise, wenn möglich, mit den benannten Vorbildern in Beziehung gebracht werden.

5.3.11.5 Spanisch als zweite Fremdsprache am Nachmittag

„Ola! Habla usted español?" – „Hallo! Sprechen Sie Spanisch?"

Neben Chinesisch, Englisch, Deutsch und Französisch ist Spanisch in seiner Relevanz eine der wichtigsten internationalen Verkehrs- und damit Weltsprachen.[165]

In der Pubertät ist die Chance, eine neue Sprache zu lernen, laut aktueller Studien, hoch: „Unter dem Einfluss von Hormonen sterben manche Hirnzellen ab, werden Verbindungen gekappt und viele Neuronen neu verdrahtet. Deshalb lernen Jugendliche besonders leicht eine neue Sprache, und sie beginnen eigenständig zu denken ..."[166]

Dabei soll aber die neue Sprache kein Muss sein, sondern als Angebot denen zuteilwerden, die daran ein großes Interesse und daher eine hohe intrinsische Motivation haben.

Der Spanischunterricht findet als Angebot der Offenen Ganztagsschule am Nachmittag statt; er soll weitgehend spielerisch und über viele Übungsmöglichkeiten den Grundwortschatz aufbauen. Dabei sollen der mündliche

---

[164] „Die große Schuld des Menschen, sind nicht die Sünden, die er begeht ...- die große Schuld des Menschen ist, dass er in jedem Augenblick die Umkehr tun kann und nicht tut." Vgl. Jüngel, Eberhard.: Tod, Stuttgart 1971.

[165] http://sprachpflege.info/index.php/Liste_der_Weltsprachen vom 01.05.2015

[166] Aus dem ZEIT-Artikel: Gehirn im Ausnahmezustand – nachzulesen in: http://www.zeit.de/2006/42/MS-Pubertaet vom 29.04.2015

Spracherwerb und das Lesen von Texten, die alltagstaug-
lich sind, im Fokus des Handelns stehen, denn „die Kunst
der Sprache besteht darin, verstanden zu werden".[167]

5.3.12   Aktives Handeln in Projekten

Das aktive Handeln in den Teamprojekten ist an
der APS konstitutiv und wurde im Konzept schon mehrfach erläutert. Zum besseren Verständnis werden beispiel-
hafte Projektthemen für Teamprojekte an der APS genannt:

**Im berufsorientierenden Bereich AWT mit Wirt-
schaft/Technik/Soziales, wie:**

- Aufbau einer Schülerfirma: Entwicklung/ Produkter-
  stellung - hier werden für regionale Firmen neue Pro-
  duktdesigns oder Produkte entworfen/hergestellt und
  für eine großzügige Spende für Studienfahrten „ver-
  kauft".
- Vertiefte Praktikumserfahrungen mit einer mit dem
  Betrieb vernetzten Facharbeit.
  Beispiel *Wirtschaft*: Herstellen und Entwickeln eines
  neuen Produktes
  Beispiel *Soziales*: Erfinden einer neuen Strategie, Senioren oder junge Flüchtlinge zu unterstützen oder:
  Herstellen einer neuen Brotsorte.

Im musisch-künstlerischen Bereich:

- Musikprojekte mit Musikern aus der Region
- Tanz-/Musicalprojekte mit eigener Choreographie
- Theaterprojekte mit eigenen Texten und Liedern
- Kunstprojekte wie Land-Art-Projekte
- Kunstprojekte mit bekannten Künstlern

---

[167] Konfuzius - Zitat

- Gestaltung von Kulissen, Kostümen, Belichtung für Theaterprojekte an der Schule

Im Bereich: Menschenbildung/Ethik/Religion/ Soziales
- Ernährungsprojekte, zum Beispiel regionale und saisonale Produkte in einer nachhaltig denkenden Gesellschaft kennen lernen und damit kochen
- Weltreligionen/ „Eine Welt"
- Partnerschaft/Säuglingspflege und Kindererziehung

Im Bereich: Kosmik/Naturwissenschaften und Sprache
- Politische Bildungsprojekte, zum Beispiel eine selbstorganisierte Fahrt nach München, Berlin oder Brüssel in der Oberstufe
- Naturwissenschaftliche Experimente
- Fach-Exkursionen an die Universität, Museen, …

Ein wesentliches Kriterium bei den APS-Projekten ist das ganzheitliche und fächerübergreifende Lernen:

Nicht nur mit allen Sinnen soll das Projekt erfahrbar, sondern auch mit den Fächern vernetzt sein, die im Lehrplan der Klassenstufen benannt sind. Zudem sollen im Projektplan mindestens drei Kompetenzen benannt werden, die bei dem Projekt erworben bzw. vertieft wurden.

An der APS finden, wie schon genannt, ergebnis- **und** prozessorientierte Projekte statt. Die ergebnisorientierten Projekte werden federführend von den Lernbegleitern angebahnt und dienen zum einen der Sicherung von prüfungsrelevantem Fachwissen und zum anderen als Orientierung am Anfang jeden Schuljahres, damit sich die Lernenden in die Struktur der Projekte einfinden können. Zudem werden ergebnisorientierte Projekte immer wieder auch in den berufsorientierenden Zweigen Wirtschaft,

Technik und Soziales zum Einüben von prüfungsrelevanten Arbeitstechniken angeboten.

Die Struktur der ergebnisorientierten Projekte unterscheidet sich nur am Beginn eines Projektes, wobei die
erste Brainstorming-Phase wegen des schon festgelegten
Produktes bzw. Ziels wegfällt. Erst im Anschluss, also
nach Durchführung des Projektes, findet dann die fächerübergreifende Vernetzung statt. So finden sich auch hier
Spielräume partizipativen und individuellen Ausgestaltens.

Die im Weiteren benannten Projektjahresschwerpunkte sollen in den Gründungsjahren als Orientierung dienen
und können mit den Jahren angepasst und verändert werden, falls sie an Sinnhaftigkeit verlieren.

Projektjahresschwerpunkte für die Klassen 5-7 sind:

Projekt bis zu den Herbstferien	Projekt bis zu den Weihnachtsferien	Projekt bis zu den Faschingsferien
Das Einzigartige an unserer Schule Das Einzigartige an mir und meinen Lernpartnern Meine Ziele in diesem Leben und für meine APS-Zeit	Bunt oder Schwarz-Weiß Religion	Dunkel und Hell/Laut und Leise Energie und Licht Leistung unter Berücksichtigung der Jahreszeiten
Projekt bis zu den Osterferien	**Projekt bis zu den Pfingstferien**	**Projekt bis zu den Sommerferien**
Einzigartige Menschen in ihrer Zeit und ihre Wirkung auf uns in der Gegenwart	Ein individuelles Projekt realisieren	Mensch, Natur, Kosmos und Berufsorientierung

Projektjahresschwerpunkte für die Klassen 8-10 sind:

Projekt bis zu den Herbstferien	Projekt bis zu den Weihnachtsferien	Projekt bis zu den Faschingsferien
Das Einzigartige an unserer Schule Das Einzigartige an mir und meinen Kooperationspartnern Meine Ziele in diesem Leben und für meine APS-Zeit	Bunt oder Schwarz-Weiß Lebensprüfungen betrachten und angehen Religion	Dunkel und Hell Laut und Leise Energie und Licht *Work-Life-Balance* Leistung unter Berücksichtigung der Jahres- und Lebenszeit
Projekt bis zu den Osterferien	**Projekt bis zu den Pfingstferien**	**Projekt bis zu den Sommerferien**
Einzigartige Menschen in ihrer Zeit bereiten sich gemeinsam auf eine große Prüfung vor	Ein individuelles oder gemeinsames Projekt realisieren. Prüfungen gemeinsam erfolgreich meistern	Gott, Mensch, Natur, Berufsorientierung Ab Klasse 8: Gemeinsam reisen/ Abschied nehmen

5.3.13 Selbstorganisierte Betriebserkundungen und Ausflüge im Rahmen der Projekte

Im Rahmen der Projekte kommen die Lernenden immer wieder mit Gegenständen, Objekten, Lebensmitteln oder Dienstleistungen und Orten in Berührung und wollen diese dann genauer kennenlernen.

Um ihr Knowhow zu vertiefen, bieten sich Betriebserkundungen und mitunter auch Ausflüge in der Region und über die Region hinaus an, die in der Regel von den Lernenden selbst organisiert und mit Unterstützung der Lernbegleiter durchgeführt und ausgewertet werden.

Im Rahmen der Betriebserkundungen können die Lernenden einen ersten Kontakt zu Betriebsinhaber/innen und Mitarbeiter/innen aufnehmen und die Einrichtung erkunden.

Die Lernenden haben zudem bei mehr Interesse so die Möglichkeit, über diesen ersten Eindruck zu klären, ob sie dort zu einem anderen Zeitpunkt ein Praktikum machen können, um ihre erworbenen Fachkenntnisse zu vertiefen, bzw. dort dann auch - nach einem Praktikum in der 8. Klasse - ihre mit dem Betrieb vernetzte Facharbeit durchzuführen.

5.3.14 Dokumentation des Lernfortschritts

„In der Schule fehlen aber in Bezug auf die aufzubauenden Tiefenstrukturen nahezu jegliche Untersuchungen und Diagnosen. Nur dann aber kann Lernen von der Oberfläche in die Tiefe vorstoßen, wenn man weiß, welches Vorwissen, welche Wissens- und Könnensstrukturen ein Kind besitzt."[168]

Jeder Lernende hat an der APS ein Recht darauf, über eine Dokumentation seine individuellen Entwicklungsschritte zu erfassen.

---

[168] Oerter, Ralf: Zukunft der Bildung – Was muß sich ändern? - in „Bayerische Schule" 9/2003, S. 262

Diese Entwicklungsschritte werden insbesondere über folgende Instrumente von den Lernbegleitern festgehalten:

- Einstiegstest und Beobachtungsbogen zur Hospitation bei Schuleintritt
- Protokoll über das Erstgespräch mit Laufbahnplanung
- Lerndokumentationsordner der Lernenden über alle Fächer und Projekte
- Beobachtungsprotokolle von konzentrierten Lern- und Projektphasen
- Protokolle über die Entwicklungsgespräche
- Leistungskontrollen ab Klasse 5 und Probeprüfungen ab Klasse 8 in den Kernfächern
- Halbjährliche Erfassung der Entwicklung der persönlichen Kompetenzen und Fremdeinschätzung (kurz) in den Kernfächern (1 x pro Jahr alle Fächer)

Über diese Instrumente können zeitnah erforderliche individuelle Fördermaßnahmen angebahnt werden.

5.3.15 Soziale Verantwortung als Team (SVT) am Nachmittag in der 5. bis 6. Klasse übernehmen

„Frage nicht was dein Land für dich tun kann, sondern was du für dein Land tun kannst!"[169]

In der 5. und 6. Klasse *soziale Verantwortung übernehmen* und *sich* ab der 7. Klasse *bewusst Herausforderungen stellen* sind Erfahrungselemente, die an der Evangelischen Gemeinschaftsschule Berlin-Mitte[170] seit mehreren Jahren erfolgreich gepflegt werden und bei Lernenden, Lehrkräften als auch „Nutznießern" auf große Begeisterung stoßen.

---

[169] Kennedy, John F. - Zitat

[170] Infos dazu unter: http://www.ev-schule-zentrum.de/ vom 29.04.2015

Da soziales Handeln in der Regel einem intrinsischen Motiv folgt, werden wir dies nicht den Lernenden aufoktroyieren, sondern im Rahmen der Offenen Ganztagsschule im Endausbau als Team-Projekt (SVT) anbieten.

Das Ziel für die Kinder der 5. und 6. Klasse ist es, soziale Kompetenz nicht nur im Rahmen des Schulalltages zu entwickeln, sondern soziale Verantwortung auch für die Gesellschaft wahrzunehmen. Hierdurch erweitern sie nicht nur ihren Erfahrungshorizont, sondern stärken auch ihr Empathievermögen.

Pro Halbjahr gehen die Lernenden einmal pro Monat am Nachmittag in ein Senioren- oder Behindertenheim bzw. in einen Kindergarten[171] und unterstützen dabei das Personal im Rahmen eines gemeinsamen vorher mit der Einrichtung abgesprochenen Angebotes. Der Schwerpunkt ihres Tuns sollte dabei in den Bereich der Fürsorge und Kreatives Handeln für die Betroffenen gelegt werden.

Dies bedeutet die Unterstützung des Personals in folgenden Bereichen:

- Spiele anleiten, erklären und als Koordinator/in durchführen
- Vorlesen von Kinderbüchern im Kindergarten/ Zeitungsartikel und Gedichte für Senioren
- Zubereitung von Essen und Hilfestellung beim Essen
- Rituale der Einrichtung begleiten
- Leichte Aufräumarbeiten

Zu berücksichtigen ist, dass sich das Personal vor Ort bewusst sein muss, dass die Lernenden der APS verschieden und daher auch unterschiedlich belastbar und einsetzbar sind. Hier ist die Schule auf eine wertschätzende Grundhaltung gegenüber unseren Kooperationspartnern angewiesen. Eine gute Kommunikation und schnelle Kontaktaufnahme, falls Probleme auftreten, sind dabei obligatorisch.

---

[171] Wenn möglich, mit evangelischer Ausrichtung

Kinder mit Beeinträchtigungen sind je nach Machbarkeit in dieses Angebot einzubeziehen, bzw. nutzen ansonsten in dieser Zeit für sich sinnvolle Angebote.[172]

Am Ende des jeweiligen Halbjahres erhält der junge Mensch ein externes „Kompetenzraster"[173] über seine Kompetenz-Entwicklung und einer kurzen Beurteilung durch die Teamleitung des Angebots. Der/Die Lernende sollte ein schriftliches oder mündliches APS-Feedback für den Teamleiter und die Einrichtung formulieren. Das Angebot wird durch einen Lernbegleiter (Pädagogen) koordiniert, begleitet und im Lernbegleiter-Team kommuniziert und reflektiert.

5.3.16   Sich ab der 7. Klasse bewusst Herausforderungen stellen

Zwischen der 6. und 7. Klasse treten die jungen Menschen in der Regel in die Adoleszenz ein, wo sie hinsichtlich hormoneller und hirnorganischer Veränderungen vor eine besondere Herausforderung gestellt sind. Neben Stimmungsschwankungen, Orientierungslosigkeit oder einer manchmal belasteten Beziehung zu den Eltern, fordern die jetzt Jugendlichen auch immer wieder ihre Lernbegleiter heraus und suchen nach Grenzerfahrungen. Sie beginnen eigenständig zu denken; „gleichzeitig jedoch quälen viele ihre Umwelt mit aufmüpfigem Verhalten – einer Art Nebenwirkung der Hirnreifung."[174] Das Gehirn bildet sich nicht gleichzeitig aus, zum Beispiel bildet sich das Präfrontalhirn, „welches u.a. für rationales

---

[172] in Absprache mit den Eltern und Inklusionshelfern

[173] Ein Kompetenzraster wird von der APS ausgearbeitet und mit den Einrichtungen besprochen und reflektiert.

[174] Aus dem ZEIT-Artikel: Gehirn im Ausnahmezustand – nachzulesen in: http://www.zeit.de/2006/42/MS-Pubertaet vom 29.04.2013

Denken und vorrausschauendes, überlegtes Planen zuständig"[175] ist, zuletzt aus.

Die Phase des Heranwachsens verpflichtet die APS, den Lernenden Erlebnisräume, über die Projekte hinaus, zu ermöglichen. So sind auch individuelle Erfahrungen außerhalb der Lerngruppe von großer Bedeutung, um den Verselbständigungsprozess und die eigene Persönlichkeit auszubilden.

Bei Jugendlichen mit Beeinträchtigungen im geistig-behinderten Bereich soll beim Lernelement „Sich bewusst Herausforderungen stellen" frühzeitig geklärt werden, ob ein Bewerbungstraining, Praktika, vernetzte Facharbeit und Prüfungen wie der qualifizierende Abschluss durchgeführt werden können. Dabei sollen alle Begleiter des jungen Menschen beteiligt und gemeinsam nach guten Alternativen gesucht werden. Dies könnte auch der Lernraum sein, wo die Heranwachsenden mit besonderem Hilfebedarf mit ihrem Unterstützerteam klären, in welchem Arbeitsfeld sie nach der Schulzeit tätig werden könnten.

5.3.16.1   Bewerbungstraining in der 7. und 8. Klasse

Schon frühzeitig will die APS den Heranwachsenden Erfahrungsräume ermöglichen, in denen sie sich nicht nur besonderen Herausforderungen stellen, sondern sich ihnen auch die Möglichkeit bietet, ihr Selbst- und Fremdbild abzugleichen, was gerade während der Pubertät wesentlich scheint.

Für ihre Praktika müssen die Lernenden zu Übungszwecken vorab eine Bewerbung schreiben und in einem Bewerbungstraining an der Schule aktiv Erfahrungen sammeln, wie sie sich in einem Bewerbungsgespräch behaupten. Dann erst stellen sie sich bei ihrem Praktikums-

---

[175] Aus dem Artikel: Die Pubertät - Baustelle im Gehirn – nachzulesen in: http://www.starke-eltern.de/htm/archiv/artikel/09_2005/baustelle.htm vom 29.04.2013

betrieb persönlich vor und bewerben sich offiziell um einen Praktikumsplatz.

Das Bewerbungstraining findet einmal in der 7. und einmal in der 8. Klasse über zwei Tage statt und soll von den Lernbegleitern, Eltern und hiesigen Betrieben mit vorbereitet und durchgeführt werden. Über kurze Feedbackbögen werden die gemachten Erfahrungen ausgewertet und in die zukünftigen Trainings eingebaut.

5.3.16.2 Ein- bis zweiwöchige Praktika in der 7. und 8. Klasse

Nach der erfolgreichen Durchführung des Bewerbungstrainings gehen die Lernenden der 7. Klasse für zwei Wochen hintereinander in zwei verschiedene Praktikumsbetriebe.

Die gemachten Erfahrungen halten sie über ein Berichtsheft fest und präsentieren ein Praktikum davon bei der nächsten Schulversammlung oder großen Präsentation, bei der auch Eltern und die Praktikumsbetriebe eingeladen sind.

Lernende der 8. Klasse gehen wie die Lernenden der 7. Klasse direkt nach dem Bewerbungstraining für zwei bzw. drei Wochen in einen Praktikumsbetrieb und fertigen in der dritten Woche im Betrieb oder in der Schule ein Werkstück an. Sie erarbeiten zudem eine schriftliche Facharbeit und präsentieren diese einige Wochen später in einem besonderen Rahmen.

5.3.16.3 Ein besonderes Einzel- oder Partnerprojekt: Die mit einem Betrieb vernetzte Facharbeit

„Du kannst dein Leben nicht verlängern noch verbreitern, nur vertiefen."[176]

Auf das Streben nach Tiefe und das sich Einlassen auf ein Fachthema, hierauf zielt das Durchführen und Präsentieren der mit einem Betrieb vernetzten Facharbeit zu Beginn der 8. Klasse.[177]

Dabei sind Lernbegleiter, Eltern und die Betreuer des jeweiligen Betriebes aufgefordert, die Jugendlichen bei Bedarf zu unterstützen.

Nach einer eingehenden Erklärung durch die Lernbegleiter, was eine mit dem Betrieb vernetzte Facharbeit beinhaltet, werden die Jugendlichen der 8. Klasse vor Weihnachten folgende Dinge vorlegen:

- Ein Werkstück/Kunstwerk oder eine beurteilbare Dienstleistung

- Eine schriftliche Arbeit im Umfang von ca. zehn Seiten, wobei neben einer Gliederung, ein Theorieteil von ca. drei Seiten, ein praktischer bildhafter Teil von ca. fünf Seiten, ein Resümee und ein Literaturverzeichnis vorhanden sind.

- Eine vorbereitete Power-Point-Präsentation

In der Regel wird die vernetzte Facharbeit vor den Faschingsferien - an einem Tag - vor Eltern, den beteiligten Betrieben, den Lernenden, den Lernbegleitern und weiteren Interessierten aus der Gemeinde, Kultur und Wirtschaft präsentiert, wobei die Jugendlichen der 8. Klasse an diesem Tag ihre Werkstücke ästhetisch ansprechend auf/an einem Tisch platzieren sollen.

---

[176] Fock, Gorch - Zitat

[177] Lernende mit geistiger Behinderung sind von den Praktika weitgehend ausgenommen, sollen aber ein individuelles Werkstück bzw. Kunstwerk anfertigen und in ihren Möglichkeiten vor Publikum präsentieren.

Die große Präsentation soll in einer Turnhalle oder einer naheliegenden Gastwirtschaft[178] stattfinden, um den besonderen Rahmen und die besondere Würdigung der Leistung der Jugendlichen hervorzuheben.

Die vernetzte Facharbeit wird mit einer Urkunde nebst schriftlicher Würdigung durch die Lernbegleiter zeitnah gewürdigt, welche die Lernenden zu ihren Bewerbungsunterlagen hinzufügen können.

5.3.16.4 Prüfungsvorbereitung und -durchführung in der 9. und 10. Klasse als Team

„Gute Vorbereitung ist 90% des Erfolges."

Dieser Leitsatz zahlreicher Erfolgstrainer soll die Teilnehmer von Seminaren nicht nur motivieren und ihr Selbstvertrauen stärken, er macht vor allem sichtbar, worauf es ankommt: am Ende einer vereinbarten Zeit auf ein Ziel zuzugehen und es sicher erreichen.

Hierzu bedarf es gerade an staatlich genehmigten Schulen einer besonderen Zuwendung und Ernsthaftigkeit bei der Vorbereitung auf die ersten schulischen Prüfungen, weil viele Prüfungen extern, also nicht im gewohnten Rahmen und manchmal sogar ohne die bekannten Lernbegleiter stattfinden können.

Die intensive und professionelle Prüfungsvorbereitung auf den Qualifizierenden Abschluss, den Mittleren Bildungsabschluss, aber auch auf Bewerbungsgespräche für Praktika und Ausbildungsstellen ist daher an der APS eine zentrale Aufgabe für Lernende, ihre Lernbegleiter und die Eltern.

Dabei sollen sich die Prüflinge als Team verstehen, das sich gemeinsam einer Herausforderung stellt, so dass jeder Starke den Schwächeren unterstützt und sich die Gruppe gegenseitig motiviert und stärkt.

---

[178] Saal

Oberstes Ziel aller Beteiligten sollte es sein, für **jeden Lernenden** der APS das bestmögliche Ergebnis zu erzielen und damit auch den höchstmöglichen Abschluss zu erwerben, damit den jungen Menschen für die Zukunft vielfältige Berufschancen offenstehen.

Diese neuen Standards gewährleisten an der APS eine gelungene Prüfungs- und Berufsvorbereitung:

- Entwicklungsgespräche inklusive Lernberatung mit Eltern/ Inklusionshelfern und Jugendlichem/r
- Bewerbungstraining in Klasse 7 und 8
- Team-Training zum Umgang mit Prüfungsängsten
- Übungsprüfungen in sechs- bis achtwöchigem Rhythmus mit individuellen Auswertungsgesprächen ab Klasse 8
- Angebot Q- und M10-PiT[179] einmal pro Woche am Nachmittag im Rahmen der offenen Ganztagsschule
- Fingierte mündliche und praktische Übungsprüfungen mit Reflexion ab Klasse 9
- Vorbereitung auf die 11. Klasse an einer externen FOS für motivierte Lernende.

5.3.17 Täglich professionell Feedback Geben und nehmen

Wie an jeder Schule üblich, gibt man sich auch an der APS gegenseitig täglich positive und auch kritische Rückmeldungen. Sie sollen stärken, aber auch Störungen reduzieren, bzw. auf diese hinweisen. Alle Beteiligten sind angehalten, dabei stets auf eine wertschätzende und angemessene Wortwahl zu achten.

Am Ende möglichst jeden Vormittages geben sich die Lernenden im Rahmen eines *Blitzlichts* selbst ein kurzes Feedback zu ihrer Leistung und ihrem Sozialverhalten. Die Lernbegleiter können bei Bedarf darüber hinaus Beobachtungen im Rahmen eines professionellen Feedbacks an die jeweiligen Lern- und Projektteams mitteilen. Feedback kann auch im Rahmen von Entwicklungsgesprächen

---

[179] Quali-Prüfungsvorbereitung im Team und M10-Prüfungsvorberietung im Team

angeboten und auch von Lernenden durchgeführt werden, wenn sie ihren Lernbegleitern oder Mitlernenden ein Feedback geben möchten. Hierzu bedarf es immer eines geeigneten Rahmens.

Ein Feedback soll vom Feedbacknehmer als Geschenk verstanden werden, das er von jemand anderem erhält. Wörtlich übersetzt heißt „Feedback" zurückfüttern bzw. rückkoppeln. Dies impliziert, dass man etwas an jemanden zurückgibt und dass er oder sie es auch annehmen kann. Es muss mir - ergo - also „schmecken" und ich sollte davon profitieren. Feedback soll also die Person ausschließlich stärken und nicht schwächen und sie damit für die Zukunft „fitter" und selbstbewusster machen.

Dies sollte mir immer als Feedbackgeber bewusst sein: Ich möchte jemanden weiterbringen und nehme mich dafür zurück.

Ich kann auch nur Feedback zu etwas geben, was veränderbar ist! Das bedeutet, Sätze wie: „Ich finde dich nett, aber deine Augen gefallen mir nicht" sind nicht hilfreich.

An der APS gilt Feedback in diesem Rahmen als professionell:

1. Der Feedbacknehmer wird gefragt, ob er ein Feedback will. Sagt er/sie „Nein", ist dies unter dem Aspekt der Selbstverantwortung jedes Einzelnen zu respektieren.

2. Der Feedbackgeber notiert sich in der Regel vorab, was er dem Feedbacknehmer sagen möchte, bzw. was nicht verstanden wurde. Hier ist zu beachten, dass ein Feedback mehr Positives als Negatives enthalten muss. Ergo, - wenn ich nichts Gutes über eine Leistung/einen Menschen sagen kann, sollte ich gar nichts sagen.

3. Wünscht der Feedbacknehmer ein Feedback, spricht der Feedbackgeber immer im „Ich".
   Es wird hier explizit darauf hingewiesen, dass dies eine Meinung unter vielen ist und das Verhalten/die Leis-

tung einer Person von anderen ganz anders wahrge-
nommen werden kann.

4. Der Feedbackgeber benennt am Anfang stets die positiven Aspekte der Leistung. Die veränderbaren Ideen
für die Zukunft können mit dem Satz: *„Als Anregung
zum Feinschliff habe ich folgende Ideen für dich: ..."* begonnen
werden.

5. Am Ende sollte sich der Feedbacknehmer für das
Feedback bedanken, weil er weiß, dass ihn der Feedbackgeber mit seiner Rückmeldung wirklich weiterbringen und stärken möchte.

5.3.18 Gemeinsam Aufgaben des täglichen Lebens übernehmen

„Eine Stunde konzentrierter Arbeit hilft mehr, deine Lebensfreude anzufachen, deine Schwermut zu überwinden
und dein Schiff wieder flottzumachen, als ein Monat
dumpfen Brütens."[180]

An der APS bewältigen die Lernenden mit ihren
Lernbegleitern **gemeinsam** die Aufgaben des täglichen
Lebens. Dies bezieht sich vor allem auf die Pflege des
gemeinsamen Raumes, meint aber auch, sich konzentriert
Zeit zu nehmen für eventuell schon bekannte Arbeiten,
denen man im Alltag oft weniger Aufmerksamkeit und
Beachtung schenkt, die aber wichtig für den Umgang mit
uns selbst und unserer Umgebung sind und lebenswichtige
Kompetenzen anbahnen.

Maria Montessori unterscheidet zwischen drei Arten
von Übungen, die man auch als Aufgaben des täglichen
Lebens umbenennen kann und die wir erweitern:

1. Pflege der eigenen und fremden Person (an der APS
   zum Beispiel Hände waschen, Säuglingspflege)
2. Verkehr mit anderen (Grüßen, Tisch decken, Höflich
   sein, etc.)
3. Pflege der Umgebung (Blumenpflege, Abwaschen,
   Aufräumen, etc.)

---

[180] Franklin, Benjamin - Zitat

In der Regel wird in der vorletzten bzw. letzten Stunde der Schulwoche im Klassenzimmer, die Einheit „Aufgaben des täglichen Lebens" durchgeführt.

Dabei wird anfangs eine Aufgabe bzw. Tätigkeit durch den Lernbegleiter langsam vorgeführt. „Man spricht dabei von der Analyse der Bewegungsabläufe. Das genaue Studium der Bewegungen und das wiederholte Üben sollen zu Leichtigkeit und Anmut bei der Ausübung führen. Montessori geht davon aus, dass durch die Koordination der Bewegung und Sinne der Persönlichkeitsaufbau gefördert wird."[181] Nach der Vorführung führen die Lernenden die Tätigkeit selber aus und wiederholen diese in den Folgewochen immer wieder.[182]

Im weiteren Verlauf werden die Aufgaben des täglichen Lebens in den Schulalltag eingebaut, wie die Übernahme von Aufgaben der Ordnung und Pflege des Klassenzimmers. Dazu gehört auch das Reinigen der Klassentoiletten, das Fegen und Wischen des Klassenraums, die Blumenpflege. Im Schulhof gehört zu den Aufgaben der Lernenden im Herbst das Zusammenfegen der Blätter und im Winter das Schneeräumen des Hofes.

Die Grundlagen der Höflichkeit und des wertschätzenden Umgangs untereinander sind ein wachsendes Selbstverständnis innerhalb der lebenslang lernenden Schulgemeinschaft.

6. Die Lernenden: Schüler und Schülerinnen

Die APS ist für alle jungen Menschen offen, die aktiv und zu einem großen Teil eigenverantwortlich in Projekten lernen möchten und daran interessiert sind, weitestgehend selbstständig zu arbeiten.

---

[181] Übungen des täglichen Lebens, siehe: http://www.oddblog.de/montessori/seite-4.html vom 29.04.2015

[182] Die Lernbegleiter schaffen hierzu immer wieder einen Rahmen.

Die ausgeprägte Projektorientierung der Schule erwartet von den jungen Lernenden die Bereitschaft,

- ihre Talente mit einzubringen,
- offen für neue Lernformen zu sein,
- ihre Leistung zu dokumentieren,
- im Team zu arbeiten und
- offen für eine gelingende Feedback-Kultur zu sein.

Eine Hospitationszeit von einer Woche[183] und ein Einstufungstest vor Schulantritt mit Feedback zur Eignung sollen sicherstellen, dass die jungen Menschen und deren Eltern sich sowohl der Chancen als auch Anforderungen des neuen Lernrahmens der APS bewusst sind.

Die Inklusion von Kindern mit besonderem Bedarf ist schon während der Schnuppertage in der Gründungszeit anzustreben, da das gemeinsame Lernen aller jungen Menschen und das Wertschätzen des Andersseins vom ersten Tag an gepflegt und als selbstverständlich erkannt werden sollte.

6.1   Lernende der 5. Klasse

Kinder, die nach der Grundschule[184] von einer Regel- oder anderen Privatschule an die APS kommen, entscheiden sich mit ihren Eltern bewusst für eine eigenverantwortlichere und insbesondere projektorientiertere Art des Lernens und Arbeitens.

In der Kindergarten- und Grundschulzeit haben sie schon Erfahrungen mit Projekten gemacht, die ihnen viel Freude gemacht haben.

Lernende der 5. Klasse sollten im Ansatz das Bewusstsein mitbringen, dass sie für sich selbst lernen und neugierig in die Welt schauen. Ebenso wollen sie in einem

---

[183] Erste Beobachtungen - auch über Kompetenzen - werden dokumentiert.

[184] auch Förderschule

strukturierten Rahmen neue Erfahrungen durch Projekte und bewegte Lernformen sammeln.

In der Regel haben sie die Erfahrung gemacht, dass für sie die Notengebung weniger stärkend ist, bzw. sie kommen von einer anderen Privatschule, wo sie mit Noten als Bewertungsinstrument noch wenig in Kontakt gekommen sind.

Im Rahmen der Schnuppertage in der Gründungsphase und im Weiteren während der Hospitationswoche bekommt das Kind einen Eindruck, ob es hier mit mehr Freude und Motivation lernen kann.

Nach dem Einstufungstest, der Auswahl eines Leitmottos und einem Entwicklungs- bzw. Zielvereinbarungsgespräch zwischen Eltern, Lernbegleiter und Lernendem/r werden notwendige Rahmenbedingungen für ein erfolgreiches und zufriedenstellendes Arbeiten an der APS festgeschrieben und mindestens einmal pro Halbjahr überprüft und ggf. angepasst.

6.2 „Quereinsteiger" aus den Klassen 5 bis 9

Bei „Quereinsteigern" wird davon ausgegangen, dass diese in der Regel von anderen Privatschulen wechseln oder aber in Regelschulen waren und durch die Hospitationszeit einschätzen können, ob sie mit der anderen Form des Lernens an der APS besser zurechtkommen.

Auch hier finden Einstufungstests in den Kernfächern Deutsch, Mathematik und Englisch statt, wobei ab der Klasse 8 auch geklärt werden muss, inwieweit in einem der berufsorientierenden Zweige *Wirtschaft, Technik oder Soziales* Vorkenntnisse vorhanden sind. Hier muss ggf. eine Nachschulung erfolgen, die in den Ferien eingebracht werden muss, damit die Lernenden am Ende ihrer Schulzeit an der APS wirklich erfolgreiche Abschlüsse erzielen können.

7. Die Lernbegleiter: Lehrkräfte und Pädagogen

„Die Arbeit des Erziehers gleicht der eines Gärtners, der verschiedene Pflanzen pflegt. Eine Pflanze liebt den strahlenden Sonnenschein, die andere den kühlen Schatten; die eine liebt das Bachufer, die andere die dürre Bergspitze. Die eine gedeiht am besten auf sandigem Boden, die andere im fetten Lehm. Jede muß die ihrer Art angemessene Pflege haben, anderenfalls bleibt ihre Vollendung unbefriedigend."[185]

Die Klassenlehrkräfte der APS haben in der Regel das erste oder zweite Staatsexamen für Haupt-/bzw. Mittelschulen. Sie verstehen sich wie alle APS-Lernbegleiter sowohl als verlässliche und ernst zu nehmende Vorbilder, als auch partnerschaftliche Impulsgeber und *„Geburtshelfer"* der jungen Menschen in ihrer Entfaltung.

An einer vertrauensvollen Beziehung zu ihren *„Schützlingen"* und deren Eltern arbeiten sie kontinuierlich. Das „Du"-Sagen zwischen Lernbegleitern und Lernenden ist an der APS selbstverständlich.

Alle Lernbegleiter der APS haben Vorkenntnisse im systemischen Denken und Beraten und zudem vor ihrer Lehrtätigkeit in der Regel schon einen anderen Beruf ausgeübt oder diverse Erfahrungen aus anderen Kontexten wie zum Beispiel eigene Kinder. Sie kennen sich im Profit- und/oder Non-Profit-Bereich aus und arbeiten gerne mit externen Partnern aus diesem Bereich zusammen.

Partnerschaftlich - einerseits gut strukturiert und ernsthaft, andererseits immer wieder auch humorvoll - arbeiten sie mit den jungen Menschen und mit ihren Teampartnern, ausgebildeten Erziehern oder Sozialpädagogen oder auch pädagogischen Hilfskräften zusammen.

---

[185] Effendi, Abbas - Zitat

Die Pädagogen haben Berufserfahrung und unterstützen die Hauptkraft in Absprache mit der Schulleitung.[186]

Die Lernbegleiter bewegen sich gerne und sind sich ihrer Talente bewusst. Sie setzen diese ein, um die Lernenden sowohl zu motivieren als auch diese einzuladen, selbst nach ihrem Potential zu suchen und dieses auszubauen.

Sie sehen sich selbst als lebenslang Lernende und lassen sich regelmäßig evaluieren und beraten. In Konfliktsituationen sind sie interessiert an professionellem Feedback und Supervision.

Schon vor der Einstellung oder spätestens vor Schuljahresbeginn durchlaufen die Lernbegleiter ein Personalentwicklungsprogramm für APS-Lernbegleiter, um gut in die neue Methodik und die Grundlagen des neuen pädagogischen Handelns hineinzufinden. In kollegialer Beratung, den wöchentlich stattfindenden Teamsitzungen,[187] gemeinsamen Teamentwicklungs- und Weiterbildungsangeboten bilden sie sich weiter und stärken einander auch außerhalb der Schulzeit.

Bei, aus ihrer Sicht nicht lösbaren Konflikten, holen sie sich externe Unterstützung in Form von Supervision oder systemischer Beratung.[188]

An der APS wird der Gesundheit der Lernbegleiter eine besondere Aufmerksamkeit beigemessen.

Denn wer ...

---

[186] Die Aufgaben werden im Lernbegleiter-Team und mit der Schulleitung vor Schulbeginn in Form einer Leistungsbeschreibung festgeschrieben und unter dem Schuljahr ggf. angepasst.

[187] max. 1 ½ Stunden pro Schulwoche ab 14:00 Uhr; nach Bedarf mit Fachlehrern und Inklusionshelfern

[188] Lernbegleiter sind ebenso wie Eltern und Lernende eingeladen, nach Beendigung ihrer Arbeitszeit an der Schule, ein APS-Feedback über ihre Schulerfahrungen zu geben.

- täglich mit Kindern und Jugendlichen arbeitet, die in ihrer Heterogenität nicht bunter aufgestellt sein könnten,

- in den Schulferien mindestens zehn Vorbereitungstage im Team einbringt, um eine besonders gute Kooperation und hohe Qualität zu gewährleisten

- neue Projekte in den Schulferien vorbereitet,

- Prüfungen vorbereitet und begleitet,

- aus purem Idealismus bereit ist, im Schnitt weniger als in einem staatlichen Anstellungsverhältnis zu verdienen,

- jeden Tag sein Handeln reflektiert,

dem sollte die größtmögliche Wertschätzung entgegengebracht werden.

Daher wird dem Lernbegleiterteam ein zweiter Teamraum - ein sogenannter Ruheraum - zur Verfügung gestellt, so dass dort in der Mittagszeit und nach Schulschluss, anfangs 14tägig und im Endausbau an einem Tag in der Woche, ein/e Physiotherapeut/in Entspannungsmassagen anbieten kann.

Der Raum steht dem Team auch während Freistunden zum Rückzug zur Verfügung und kann in Krankheitsfällen kurzzeitig auch für Lernende genutzt werden.

8. Die Eltern[189]

„Zwei Dinge sollten Kinder von ihren Eltern bekommen - Wurzeln und Flügel."[190]

Im Lern- und Entwicklungsprozess der Lernenden sind die Eltern die wichtigsten Partner der Lernbegleiter und die Experten ihrer Kinder. Handlungsleitend ist auch für sie der Grundsatz des Kommunizierens auf Augenhöhe. Gemeinsam mit den Lernbegleitern ringen sie im positiven Sinne um den für ihre Kinder besten Weg.

Geduldig, reflektierend und voller Vertrauen in die Fähigkeiten[191] ihrer Kinder begleiten sie diese in ihrer Schulzeit. Mit ihren persönlichen und beruflichen Kompetenzen unterstützen die Eltern die Lernenden im Rahmen von Projekten und Materialerstellung, die sie als Elternarbeit einbringen.[192]

Schon frühzeitig schaffen die Eltern zu Hause für ihre Kinder regelmäßig Zeitfenster für konzentriertes Lernen und „Lerninseln"[193] für kleine Lernteams (maximal 3 – 4

---

[189] *Eltern* meint immer auch Erziehungsberechtigte wie zum Beispiel Pflege-/Groß- und Stiefeltern.

[190] von Goethe, Wolfgang - Zitat

[191] dabei kommt es bei Kindern mit Beeinträchtigungen nicht darauf an, ob sie riesige Entwicklungsschritte machen, denn „es kommt ja nicht darauf an, ob dass ich erfolgreich, sondern dass ich gesegnet bin!"- von *Antoine de Saint-Exupéry: Herr, lehre mich die Kunst der kleinen Schritte,* aus: „Die Stadt in der Wüste".

[192] Die einzubringende jährliche Elternarbeitszeit kann in den Gründungsjahren höher sein und wird in der Mitgliederversammlung des Fördervereins festgelegt, soll jedoch nicht höher als 15-20 Stunden pro Schuljahr sein und vor allem die Realisierung von Projekten stärken.

[193] Unter „Lerninseln" versteht die APS, dass die Eltern sich untereinander absprechen und kleinen Lernteams zu Hause einen ruhigen Lernraum zur Verfügung stellen und im Bedarfsfall als erwachsene Ansprechpartner anwesend sind.

Jugendliche) während der Prüfungsvorbereitungszeit in den Ferien.

Bei Konflikten mit Lernbegleitern suchen sie zuerst den direkten Weg und wenden sich erst dann an die Schulleitung.

9. Leistungsbeurteilung und Kompetenzermittlung

„Um etwas leisten zu können, muß jeder seine Tätigkeit für wichtig und gut halten."[194]

Mit der Aufnahme machen die Lernenden einen Einstufungstest, wo ihre Stärken und Entwicklungsfelder dokumentiert und im Gespräch mit ihnen und ihren Eltern in die „Laufbahnplanung" aufgenommen werden.

Die Lernenden führen einen Ordner,[195] in dem sie in Registern die jeweiligen Projekt-Lernpläne abheften und in Heften oder auf Blättern ihre Aufgaben ordentlich dokumentieren.

In sechs- bis achtwöchigen Abständen messen die Lernenden in den Kernfächern, und ab dem 8. Schuljahr darüber hinaus im berufsorientierenden Wahlfach, ihre Leistung,[196] wobei hier die selbstständig bearbeiteten und fertiggestellten individuellen Projekt-Lernpläne[197] neben

---

[194] Tolstoi, Leo – Zitat aus: Auferstehung

[195] Pro Projekt wird ein neuer Ordner angelegt, damit die Übersichtlichkeit gewährleistet wird. Die Projekt-Ordner bleiben in der Regel für die Entwicklungsgespräche in der Schule und werden dem Lernenden pro Schulhalbjahr ausgehändigt.

[196] Ab Klasse 8 finden in regelmäßigen Abständen auch Probeprüfungen mit persönlicher Nachbesprechung statt.

[197] diese sollen zu einem vereinbarten Zeitpunkt dem Lernbegleiter zur Durchsicht vorgezeigt werden. Wer seinen Plan noch nicht fertiggestellt hat, kann beim Lernbegleiter eine Fristverlängerung von einer Woche beantragen und zu einem anderen Zeitpunkt die Lernzielkontrolle schreiben.

den verschiedenen durchgeführten Projekten eine entscheidende Grundlage für eine erfolgreiche Leistungsbeurteilung und Kompetenzermittlung sind. Die Beurteilung erfolgt über die Angabe der erreichten Punktzahl, wobei die erreichbare Gesamtpunktzahl als Orientierungshilfe angegeben sein muss. Ebenso kann über die Prozentangabe[198] die Leistung ermittelt werden. So kann durch die Lernbegleiter gegebenenfalls eine Neuausrichtung im Leistungsverhalten bzw. eine Lernintensivierung bei den Entwicklungsgesprächen angeregt werden.

Ab der 8. Klasse wird das Portfolio mit Noten in den Kernfächern ergänzt, um Eltern und Lernenden eine vergleichbare Einschätzung zu ermöglichen. Die Noten haben keine Relevanz für eine Versetzung, können aber eine Orientierungshilfe sein, ob eine Empfehlung ausgesprochen wird, ein Schuljahr freiwillig zu wiederholen.

Ab Anfang der 9. Klasse werden schon im ersten Halbjahr die schriftlichen Übungsprüfungen ergänzt mit mündlichen und praktischen Übungsprüfungen, nun auch mit externen Partnern (teilweise mit auch ehemaligen Lehrern/Lehrerinnen), um den Prüflingen eine möglichst authentische Prüfungserfahrung zu gewährleisten.

Bezüglich der Kompetenzerfassung und dem Schriftwesen orientiert sich die APS am Schriftwesen des Schulverbunds „Blick über den Zaun"[199] und den bayerischen Montessori-Schulen, wobei die Erfassung präzisiert wurde und damit für das 21. Jahrhundert greifbarer ist.

---

[198] von Hundert

[199] Von der Groeben, Annemarie: Wir wollen Schule machen

10. Qualität als Prozess / Evaluation

„Bildung ist kein Produkt und keine Dienstleistung; Bildung ist das Ergebnis einer subjektiv begründeten Lernanstrengung eines Individuums."[200]

An der APS ist sie zudem Produkt einer zusammenwirkenden Gemeinschaft. Das Prinzip des lebenslangen Lernens und der beständigen Entwicklung gilt auch für die Schule als Ganzes. Daher werden neue Erkenntnisse der Wissenschaft und Erfahrungen aus der Schulpraxis regelmäßig[201] in das Schulkonzept eingearbeitet und angepasst.

Die ersten Lernbegleiter werden schon ein Jahr vor Start der Schule durch zehn Personalentwicklungsmodule auf ihre neue Aufgabe vorbereitet, so dass sie schon als Team aufgestellt sind und alle wesentlichen Vorlagen erarbeitet und miteinander besprochen haben. Im Bewusstsein der Fehlbarkeit eines Jeden erkennen sie ihre zunehmende Qualifizierung als Prozess in einer lernenden Gemeinschaft.

Wir messen unsere Qualität sowohl an den besonderen Projekten, den erfolgreichen Abschlüssen unserer Lernenden, als auch an der Zufriedenheit derselben, ihrer Eltern und der Mitarbeiter der Schule. Diese Zufriedenheit wird über entsprechende Evaluationsbögen im halbjährlichen Zyklus abgefragt und in die Jahresplanungen und die Konzeptentwicklung eingearbeitet.

Die Lernbegleiter haben auch einen Blick auf die Krankheitstage der Lernenden und klären bei einer höheren Krankheitsquote ab, ob die Betreffenden sich im System gut integriert und wohl fühlen.

---

[200] Zech, Rainer (Hrsg.): Qualität durch Reflexivität. Lernorientierte Qualitätsentwicklung in der Praxis, S. 13-14

[201] mindestens jedoch alle drei Jahre.

Die abgehenden Lernenden, insbesondere jene, welche unter dem Schuljahr gehen, sind eingeladen, den Lernbegleitern bzw. der Schulleitung und dem Vorstand ein persönliches oder schriftliches Feedback[202] zu geben.

Die meisten Dokumentvorlagen liegen schon vor Schulgründung vor und werden mithilfe einer Qualitätsmanagerin in einem sinnhaften Ordnungssystem abgelegt.
Weitere Qualitätsmessungen bzw. Evaluationsmaßnahmen[203] werden im Bedarfsfall[204] in Betracht gezogen.

---

[202] angelehnt an den Kriterien des professionellen Feedbacks der APS

[203] entweder über eine/n externe/n Qualitätsmanager/in oder eine wissenschaftliche Begleitung.

[204] Der Bedarfsfall tritt ein, wenn die Anmeldezahlen rückläufig werden bzw. mehrere Lernende oder Lernbegleiter die Schule überraschend verlassen.

11. Das Gebäude- und Raumkonzept der APS

Mit der Architektur soll das pädagogische Konzept der Schule auch unter Berücksichtigung seines nachhaltigen Gedankens abgebildet werden, wenn ein Neubau in Betracht gezogen werden muss, weil keine leerstehende Schule oder ein anderes Gebäude vor Ort in zentraler Ortslage und guter Verkehrsanbindung in Frage kommt.

Über die Grundrissgestaltung, die Gebäudehülle und die Freiflächen soll gerade beim Neubau das pädagogische Konzept der APS ablesbar sein.

A.   VERNETZUNG und INKLUSION

Neu ist:

- Das bewusste gemeinschaftliche Lernen im Team im Wechsel mit individuellem Lernen.

- Der vernetzte Gedanke: Das fächerübergreifende Vernetzen der Projekte mit
  - ➢ dem Lehrplan,
  - ➢ den aktiven Lernphasen unter Berücksichtigung der aktuellen Hirnforschung und den Betrieben in der Umgebung (gelingende Berufsorientierung).

- Zudem kommt dem inklusiven Denken und Handeln nach dem Motto: „Wir sind alle anders verschieden und denken und handeln als Gemeinschaft" und Barrierefreiheit besondere Bedeutung zu.

In der Umsetzung bedeutet das:

1. Grundrissgestaltung

Die Räume sollen additiv um eine zentrale Mitte - den Gemeinschaftshof - angeordnet sein.

- Zu jedem Klassenzimmer gehört ein ca. 15 qm großer Arbeits- und Materialraum, um in Kleingruppen zu arbeiten und bei konzentrierten Lernphasen besser zur Stille zu finden.

- Jedes Klassenzimmer hat, wenn machbar, seine eigenen Toiletten, damit die Verantwortung dafür deutlich wird.
- Zugang von allen großen Räumen (auch Teamraum 1) in den Freibereich über öffenbare Glaselemente (z.B. Schiebetüren)
- Ein großer Pausenraum und MZR für Bewegung am Morgen => „Morgengruß", Projekt-Präsentationen, Theater-, Kunst- und Musikprojekte, Fortbildungen, Essmöglichkeit am Mittag (Offene Ganztagesschule) und zur weiteren Differenzierung.
- Barrierefreies Bauen – also möglichst eingeschossig
- Eine behindertengerechte Toilette, wenn möglich mit Dusche

Das Gebäude soll sich dynamisch mit Zunahme der Zahl der Lernenden entwickeln, mindestens aber in zwei Bauphasen aufgeteilt sein.

2. Möblierung/Innenausbau

In den Klassenzimmern:
- Bodengestaltung: hier ist eine zentrale „freie" Mitte mit rundem Teppich vorhanden, um im Gesprächsganz- oder - halbkreis Besprechungen und kleine Präsentationen durchzuführen.

- Einzeltische stehen an den Wänden und an Fenstern und können bei Bedarf schnell zu Gruppentischen zusammengeschoben werden.

- Weitgehender Verzicht auf Schränke im Klassenzimmer, stattdessen nur Regale für Ordner und aktuelle Materialien. Jeder Lernende hat ein verschließbares Aufbewahrungsfach im Eingangsbereich.

- Mehrzweckraum nur mit einer Fensterfront. Eine Spiegelseite für Bewegungsübungen, Tanz und Theater.

3. Gestaltung:
- Gemeinsame Gestaltung der Außenflächen, Flachdächer und Gänge
- LandArt-Projekte an der Schule und in der Umgebung

B. DIE BERÜCKSICHTIGUNG DES ASPEKTES
Zukunftsfähigkeit

Das pädagogische Konzept der APS beinhaltet durchgehend den Aspekt nachhaltigen Denkens und Handelns in drei Dimensionen. Dieser Aspekt soll auch im Gebäude- und Raumprogramm abgebildet werden.

1. Dimension: Ökonomische Faktoren
In der Umsetzung bedeutet das:
- Raumeffizienz der Außen- und Innenflächen
- Einfache Möblierung
- Einfache Ausstattung

2. Dimension: Ökologische Faktoren
In der Umsetzung bedeutet das:
- Motto: **„Weniger ist mehr!"**
- Niedriger Energieverbrauch und –kosten
- Niedrige Kosten im Objektunterhalt
- Ökologisch sinnvolle Baumaterialien: Holz vor Beton und Stahl
- Holz als nachhaltiger Baustoff
- Ökologische Dämmstoffe mit hoher Energieeffizienz
- Wenn finanzierbar: Vergabe an ortsansässige Bauunternehmer/Handwerker und regionale Holzlieferanten/Baustoffe
- Nutzung nachhaltiger Energien wie z.B.
  - ➢ Warmwasser über Solar,
  - ➢ Schule als autonomes System,
  - ➢ Schüler lernen vor Ort den Umgang mit den Ressourcen.

3. *Dimension: Soziale Faktoren*

In der Umsetzung bedeutet das:
Soziale Vernetzungsmöglichkeiten schaffen …

- in der Klasse: Jeder Klassenraum wird jedes dritte Jahr individuell mit den Beteiligten neu gestrichen.
- in der Gemeinschaftsschule: eine Seite der Gebäudefassade wird von Lernenden, Eltern und Lernbegleitern bemalt.
- unter den Eltern: Gemeinschaftshof oder -aula zum Austausch
- unter den Lernbegleitern: zwei Teamräume, davon ein kleiner Ruhe- bzw. Entspannungsraum (Teamraum 2) für die Lernbegleiter mit Liege auch zur Physiotherapie (Aspekt: Lehrergesundheit) und für krank gewordene Kinder als „Liege".
- mit den Betrieben vor Ort: Vergabe von verschiedenen Aufträgen an ortsansässige Betriebe.

Das geplante APS-Raumprogramm bei Neubau
ca. 1000 – 1200 qm

- 4 Klassenzimmer à 90-95 qm, davon ca. 15 qm abgetrennt als inkludierter Arbeitsraum mit großem Aufbewahrungsschrank.
- 1 Mehrzweckraum à 100-120 qm mit zwei weißen Wänden: Eine zur Projektion – bzw. als Bühne, die andere zum Aufhängen eines wachsenden Gemeinschafts-Schulbildes aus lauter Einzelbildern. Abdunkelbar für Präsentationen und anderes. Eine Spiegelwand.
- 1 Werk- und Kreativraum à 60-70 qm, inklusive Nebenraum
- 1 Hauswirtschaftsraum (mit drei Schulküchen) à 100 qm mit abtrennbarem Essbereich
- Pro Klassenzimmer, wenn möglich, je zwei abgetrennte Toiletten, bei Jungs mit Urinal
- Eine behindertengerechte Toilette optional mit Duschplatz und Gästetoilette

- zwei abgetrennte Lehrertoiletten
- Ein Teamraum à 40 qm mit kleiner Teeküche
- Ein zentraler Innenpausenraum auch für große Präsentationen à 100-150 qm
- Ein kleiner Teamraum á 10 qm zur Entspannung mit (Not-) Liege
- Ein Büro (Sekretariat und Schulleitung) à 35-40 qm
- Ein Abstellraum für Reinigung/Hausmeisterei à 10 qm
- Ein Technikraum à 20 qm (Heizung, Wasser u.a.)
- Mindestens 12 Stellplätze, davon 2 Behindertenparkplätze
- Abstellunterstand für Fahrräder
- zuzüglich Erschließung und Eingangs-/ Fluchtbereiche

Entwurf einer Aktiven Projekt-Schule

APS "Auf der grünen Wiese"
Vorentwurf - M 1:250

12. Das Personalentwicklungskonzept

Die Lernbegleiter absolvieren vor ihrem Einsatz an der APS ein zehntägiges Personalentwicklungsprogramm, um sich gut auf die neue Art des pädagogischen Handelns vorzubereiten. Generell bringen die Lernbegleiter in den Schulferien pro Jahr mindestens zehn Tage für die Vorbereitung und die gemeinsame Teamentwicklung ein.

Folgende Themen bearbeiten sie gemeinsam, nachdem sie sich persönlich mit dem pädagogischen APS-Konzept auseinandergesetzt haben:

Modul 1: Pädagogische Ziele des APS-Konzeptes

- Grundlagen und Ziele,
- Potentiale entfalten
- Vernetzt lernen
- Eigene Glaubenssätze
- Christliches Leitbild des Teams und Leitbild gestalten

Modul 2: Das evangelische Profil und Menschenbild, Bildungsziele und Vordenker der APS

- Mit Herz und auf Augenhöhe.
- Zur Bedeutung der Potentialentfaltung an der APS
- Bin ich ein gebildeter Mensch? Test mit Auswertung
- Das Anforderungsprofil des Lernbegleiters an der APS

Modul 3: Teamentwicklung

- Aktives Lernen 1
- Eine kleine Wanderung mit Stationen
- Teamübung, Durchführen und Auswerten des MBTI (Team-Typen-Test)

Modul 4: Aktiv und projektorientiert

- Aktives und zukunftsfähiges Lernen 2
- In ergebnisorientierten Projekten denken und handeln an einem Beispiel
- Gelingende Vernetzung mit den Fachlehrkräften

Modul 5: Nachhaltigkeit in drei Dimensionen

- Zukunftsfähiges Denken und Handeln in der APS
- In prozessorientierten Projekten denken und handeln an einem Beispiel
- Gelingende Vernetzung mit dem Schulstandort

Modul 6: Erfolgreiches Denken und Handeln durch

- Potentialentfaltende Maßnahmen, wie Impulse
- Erstgespräche, Schnupperwoche und Einstufungstests
- Lernen mit Zielvereinbarungen: Betroffene zu Beteiligten machen; Eltern und Lernende (Entwicklungsgespräche führen)
- APS-Feedback Geben und nehmen
- Gestalten eines strukturierten Rahmens zur Reduktion von Unterrichtsstörungen
- Stundenplan und konzentrierte Lernphasen

Modul 7: Erfolgreiche Ergebnisse durch

- Regelmäßige Evaluation an der APS
- Fächerübergreifende und vernetzte Projektlernpläne
- Lernkontrollen und -dokumentation/ Korrektur
- Leistungsbeurteilung: Das Kompetenz- und Leistungsprofil (kurz KLp)
- Frühzeitige und professionelle Prüfungsvorbereitung und Umgang mit externen Prüfungen/Prüfern

Modul 8: Inklusion von Kindern mit besonderem Bedarf

- ADHS/ADS und ähnliche Aufmerksamkeitsstörungsbilder
- Legasthenie/Lese- und Rechtschreibschwäche bzw. Dyskalkulie/Rechenschwäche
- Depression/narzisstisches Störungsbild
- Körperliche und geistige Einschränkungen
- (unbegleitete) minderjährige Flüchtlinge

Modul 9: Gestaltung der Nachmittage und externe praktische Angebote

- Vernetzung mit der OGtS
- Praktika und die mit dem Betrieb vernetzte Facharbeit
- Weitere Angebote am Nachmittag, z.B. Spanisch als zweite Fremdsprache und SVT (Soziale Verantwortung im Team in Klasse 5/6 bis 7)

Modul 10: Ausblick Leitung, Team und Elternbeirat

- Teamübungen (train the trainer)
- Kollegiale Beratung
- Erste Gruppensupervision mit Feedback (Signale) und Erwartungen an Leitung und an das Team
- Klärung offener Themen

Im Anschluss:
Beginn mit der konkreten Jahresplanung und Materialerstellung, was noch offen geblieben ist... Erste-Hilfe-Kurs...

13. Finanzierung

Die Regierung von Oberbayern übernimmt in der Regel bei evangelischen Schulen die Kosten des klassischen Schulaufwands, ähnlich wie bei kommunalen Schulen. Ausgenommen sind Zusatzaufwendungen wie pädagogische Zweitkräfte und besondere Aufwendungen, die von kommunalen Schulen abweichen.

Der Kredit- bzw. Darlehensaufwand für die Anschubfinanzierung der Schule (mit Umbau- oder Brandschutzkosten) beträgt je nach Umbaumaßnahme zwischen 250.000 und 550.000, -- € und sollte spätestens nach 12 Jahren getilgt sein.

Wenn sich kein Spender, Stifter oder Sponsor findet, müssen die Vorstände und Mitglieder des Schulträgervereins[205] ggf. höhere Bürgschaften aufnehmen bzw. Darlehen einbringen, damit die ersten Jahre sichergestellt sind.

Da die Planungs-, einige Verwaltungs- und die Personalkosten für die pädagogischen Zweitkräfte, die zur Realisierung der Projekt- und konzentrierten Lernphasen erforderlich sind, nicht von der Regierung refinanziert werden, ist ein Schulgeld erforderlich.

Das Schulgeld beträgt unter Berücksichtigung der Miethöhe pro Kind voraussichtlich zwischen 150, -- € und 350, -- € pro Monat; für jedes weitere Geschwisterkind reduziert sich der Betrag. Eine Schulgeldstaffelung ist wegen unserer nach sozialer Gerechtigkeit strebenden Haltung erforderlich.

Bei Anmeldung stellen die Eltern der APS bis zur Rückzahlung von Krediten und Darlehen für die Dauer des Aufenthaltes ihres Kindes in der Schule ein zinsloses Darlehen von 2.000, -- € zur Verfügung. Bei mehreren Kindern pro Familie ist nur ein Darlehen einzubringen. Dieses Darlehen soll unter anderem der Liquidität dienen und fließt in den Liquiditätsplan ein.

Bis zum Endausbau wird versucht, über Firmenpatenschaften und private Patenschaften mindestens zwei bis vier Kindern pro Klasse die Teilhabe an der APS zu ermöglichen, deren Eltern nicht über die finanziellen Mittel verfügen, bzw. die minderjährige

---

[205] Hier: Evangelischer Schulverein Rosenheim e.V.

Flüchtlinge sind. Das Schulgeld kann auf Antrag in Einzelfällen bis auf einen Mindestbetrag von 50, -- Euro reduziert werden.

Bezüglich des Investitionsbedarfs ist festzuhalten, dass versucht werden soll, die Ausgaben auch im Sinne unseres Nachhaltigkeitsmodells, - durch Eigenleistung und die Anschaffung gebrauchter und geschenkter Möbel - möglichst gering zu halten.

Weitere Mittel ergeben sich aus Spenden und Vereinsbeiträgen. Zudem werden auch Stiftungen der Region um Unterstützung des gemeinwohlorientierten und bildungsvielfaltstiftenden Vorhabens gebeten.

14. Aufruf zur Mitwirkung

Bei einem Interview zu seiner Motivation befragt, warum er das gegenwärtige Schulsystem für entwicklungsbedürftig halte, wurde Professor Gerald Hüther mit folgender Aussage konfrontiert: „So schlimm kann doch die Schule und das Gymnasium für Sie nicht gewesen sein. Sie sind sogar Professor geworden!"[206] Hüther antwortete: „Da haben Sie recht. Aber stellen Sie sich vor, was in einem potentialentfaltenderen Schulsystem aus mir hätte werden können?!"

Die Vorerfahrungen bei der Realisierung von fächerübergreifenden Projekten in der Schule und die APS-Schnuppertage haben gezeigt, dass die neuen unterrichtlichen Bausteine zu mehr Freude, Neugier, Eigeninitiative und Gemeinschaftssinn führen.

Um herauszufinden, wie sich Kinder und Jugendliche jedweder Begabung in dieser neuartigen Rahmung dauerhaft entwickeln können, ist das hier vorliegende Schulkonzept eine praxisnahe Vorlage, deren kreative Umsetzung neben erwartungsgemäßen menschlichen Grenzen, zahlreiche positive Erkenntnisse und Erfahrungen hinsichtlich des größeren Mitgestaltungsrahmens erwarten lässt.

Es erfordert

- mutige Gründer/innen und Investor/innen, die die Chancen dieses innovativen Lernens erkennen und fördern wollen,
- herzliche, qualifizierte und selbstkritische Lernbegleiter,
- wohlwollende und reflektierte Eltern und
- neugierige und aufgeschlossene Kinder und Jugendliche,

welche die evangelisch geprägte Aktive Projekt-Schule miteinander und nicht gegeneinander gestalten.

Dabei ist es wichtig, immer im Herz zu bleiben, einander in seinen Grenzen anzunehmen und dennoch klar auf die Grundlagen einer wertschätzenden und reflektierten Gesprächskultur als entscheidenden Wert der APS zu beharren.

---

[206] Das Zitat ist sinnentsprechend und nicht wörtlich zu verstehen.

Für ein Gelingen dieser Schulart ist es auch erforderlich, dass alle am Schulsystem Beteiligten ihre persönliche Komfortzone verlassen und sich im Gedanken Gerald Hüthers und Erich Frieds[207] voller Vertrauen gemeinsam auf den Weg machen und schauen, wohin dieser neue Weg sie führt!

Auf diesen Weg lade ich Sie jetzt ein. Denn „dadurch, dass die Utopie sich nicht darauf konzentriert, ein bestehendes System zu kritisieren, ist sie in der Lage, sich von dessen Logik unabhängig zu machen. Sie wechselt das Feld. Sie setzt nicht auf die verbesserte Organisation eines Mangelsystems.

Die Utopie beginnt mit der gefährdeten Besiedelung eines Ortes, der in der Geschichte immer der war, den wir später dann bewohnten."[208]

---

[207] siehe Vorwort
[208] aus: Hans-Joachim Gögl und Josef Kittinger (Hg.): Tage der Utopie. Entwürfe für eine gute Zukunft.

15. Literatur

Bauer, Joachim (2007): Lob der Schule. Sieben Perspektiven für Schüler, Lehrer und Eltern. Hoffmann und Campe, Hamburg

Bayerisches Erziehungs- und Unterrichtsgesetz (BayEUG) in der Fassung der Bekanntmachung vom 31. Mai 2000. Fundstelle: GVBl 2000, S. 414. Stand: letzte berücksichtigte Änderung: Art. 27, 39, 116 und 125 geänd. (§ 37 G v. 20.12.2011, S. 689).

Bayerisches Schulfinanzierungsgesetz (BaySchFG) in der Fassung der Bekanntmachung vom 31.Mai 2000. Fundstelle: GVBl 2000, S. 455). Stand: letzte berücksichtigte Änderung: mehrfach geänd. (§38 G v. 20.12.2011, S. 689).

Becker-Textor, Ingeborg (Hrsg.) (2010): Maria Montessori: 10 Grundsätze des Erziehens, 3. Auflage, Herder, Freiburg im Breisgau / Basel / Wien 2010.

Bedford-Strohm, Heinrich (2015): Funkenflug – Glaube neu entfacht. Adeo. Asslar.

Bittner, Stefan (2001): Learning by Dewey? John Dewey und die deutsche Pädagogik 1900–2000. Klinkhardt, Bad Heilbrunn.

Boban, Ines und Hinz, Andreas (2003): Index für Inklusion – eine Möglichkeit zur Selbstevaluation für alle, Seite 14.

Boban, Ines u. Andreas Hinz (2003): Index für Inklusion. Lernen und Teilhabe in der Schule der Vielfalt entwickeln. Martin-Luther-Universität, Halle-Wittenberg.

Bueb, Bernhard (2009): Von der Pflicht zu führen. Neun Gebote der Bildung. Ullstein, Berlin.

Burow, Olaf-Axel u. Neumann-Schönwetter, Marina (Hrsg.) (1997): *Zukunftswerkstatt in Schule und Unterricht.* Bergmann & Helbig[2], Hamburg.

Caspary, Ralf (2006): Lernen und Gehirn. Der Weg zu einer neuen Pädagogik. Herder, Freiburg, u.a.

Cohn, Ruth (1993): Lebendiges Lehren und Lernen, Klett-Cotta Verlag, Stuttgart.

Die ideale Schule. Was Jungen und Mädchen optimal fördert. - Geo Wissen Heft Nr. 44/2009.

Dordel, Sigrid und Breithecker, Dieter (2003): Bewegte Schule als Chance einer Förderung der Lern- und Leistungsfähigkeit. In: Haltung und Bewegung 23, S. 5-15.

Dreikurs, Rudolf u. Grey, Loren: Kinder lernen aus den Folgen. Wie man sich Schimpfen und Strafen sparen kann. Herder, Freiburg, u.a.

Erikson, Erik H. (2003): Identität und Lebenszyklus: Drei Aufsätze. Frankfurt.
Fengler, Jörg (2004): Feedback geben. Beltz, Weinheim und Basel.

Flitner, Andreas (1954): Allgemeine Pädagogik. Stuttgart.

Frey, Karl (2002): Die Projektmethode. Beltz, Weinheim.

Glöckel, Hans (1996): Vom Unterricht, Klinkhardt[3], Bad Heilbrunn.

Gögl, Hans-Joachim und Kittinger, Josef Hrsg. (2011) – Tage der Utopie: Entwürfe für eine gute Zukunft. Bucher, Hohenems.

von der Groeben, Annemarie (2010): Wir wollen Schule machen. Eine Streitschrift des Schulverbunds "Blick über den Zaun". Budrich, Leverkusen.

Gudjons, Herbert (2008): Handlungsorientiert lehren und lernen. Schüleraktivierung. Selbsttätigkeit. Projektarbeit, Klinkhardt[6], Bad Heilbrunn.

Hansch, Dietmar (2010): Sprung ins Wir. Die Neuerfindung von Gesellschaft aus systemischer Sicht. Vandenhoeck & Ruprecht, Göttingen.

Heckl, Wolfgang (2015): Kultur der Reparatur. Goldmann, München.

von Hentig, Hartmut (2009): Bildung, Ein Essay. Beltz, Weinheim.

von Hentig, Hartmut (2012): Die Schule neu denken: Eine Übung in pädagogischer Vernunft. Beltz, Weinheim.

Hinz, Andreas (2007): Elementare Unterstützungsbedürfnisse als Herausforderung an inklusive Pädagogik. In: Hinz, Andreas (Hrsg.) (2007): Schwere Mehrfachbehinderung und Integration. Herausforderungen, Erfahrungen, Perspektiven. Marburg: Lebenshilfe, S. 15-41.

Hinz, Andreas (2007): Inklusive Qualität von Schule. In: Vierteljahresschrift für Heilpädagogik und ihre Nachbargebiete (VHN,76). München; Basel. S. 10-21.

Hoerschelmann, Christine u.a. (2007): Schulkonzept der Aton-Schule, München. Musisch-kreative Ganztagesschule. Private Volksschule.

Hofer, Christine (2001): Die pädagogische Anthropologie Maria Montessoris oder Die Erziehung zum neuen Menschen. Würzburg.

Hüther, Gerald (2004): Die Macht der inneren Bilder. Vandenhoeck & Ruprecht, Göttingen.

Hüther, Gerald und Hauser, Uli (2012): Jedes Kind ist hoch begabt. Die angeborenen Talente unserer Kinder und was wir aus ihnen machen. Knaus, München.

Hüther, Gerald (2013): Was wir sind und was wir sein könnten. Ein neurobiologischer Mutmacher. Fischer, Frankfurt am Main.

Jungk, Robert (1994): Projekt Ermutigung. Streitschrift wieder die Resignation. Rotbuch, Berlin.

Jungk, Robert (1989): Zukunftswerkstätten. *Mit Phantasie gegen Routine und Resignation.* Goldmann, München.

Juul, Jesper (2000): Grenzen, Nähe, Respekt. Rowohlt, Reinbek.

Juul, Jesper (2009) Vom Gehorsam zur Verantwortung. Für eine neue Erziehungskultur (mit Helle Jensen). Beltz, München.

Kahl, Reinhard: Treibhäuser der Zukunft. Buch und 3 DVD mit 13 Std. Filmmaterial.

Korte, Martin (2011): Wie Kinder heute lernen. Was die Wissenschaft über das kindliche Gehirn weiß. Goldmann, München.

KUMON Deutschland GmbH Hrsg. (2010) - Prima: Der Newsletter für Eltern – KUMON Mathematik – Englisch[13], Düsseldorf.

Lelgemann, Reinhard (2009): Konduktive Förderung im Rahmen der integrativen Außenklasse des Förderzentrums Aschau an der Grundschule in Rohrdorf.

mittendrin e.V. Hrsg. (2012): Eine Schule für alle. Inklusion umsetzen in der Sekundarstufe. Verlag an der Ruhr, Mühlheim.

Moeller, Michael Lukas (2008): Die Wahrheit beginnt zu zweit. Rowohlt, Reinbek.

Moeller, Michael Lukas (2008): Die Liebe ist das Kind der Freiheit. Rowohlt, Reinbek.

Montessori, Maria (1972): Das kreative Kind. Der absorbierende Geist. Herder, Freiburg.

Montessori, Maria (1986): Kinder sind anders. dtv, München.

Oerter, Ralf: Zukunft der Bildung – Was muß sich ändern? in „Bayerische Schulen" 9/2003.

Paech, Niko (2012): Befreiung vom Überfluss: Auf dem Weg in die Postwachstumsökonomie. Oekom, München.

Paulis, Peter (2003): Schulische Gesundheitsförderung - vom Kopf auf die Füße gestellt. Von der Gesundheitsfördernden Schule zur guten, gesunden Schule. In: Aregger, Kurt/ Lattman, Urs, Peter (Hrsg.): Gesundheitsfördernde Schule - eine Utopie? Konzepte, Praxisbeispiele, Perspektiven. Sauerländer, Luzern 2003, S. 92-114.

Petersen, Peter (1968): Der kleine Jenaplan. Beltz. Weinheim und Basel.

Pfeiffer, Karin (2007) Rituale der Stille. Stilleübungen für Kinder und Jugendliche. Stolz, Düren.

Pfeiffer, Karin (2006): Stille-Spiele für die ganze Klasse. Stolz, Düren.

Petö und Inklusion gGmbH (Hrsg.): Pädagogisches Gesamtkonzept für die Private Grundschule Oberaudorf-Inntal vom 11.02.2013

Prior, Manfred u. Heike Winkler (2009): MiniMax für Lehrer. 16 Kommunikationsstrategien mit maximaler Wirkung. Beltz, Weinheim.

Raschendörfer, Nicola u. Zajicek, Sabine: Dyskalkulie – Wo ist das Problem? Hilfen für den Unterrichtsalltag. Verlag an der Ruhr. Mühlheim.

Riegel, Enja (2005): Schule kann gelingen! Wie unsere Kinder wirklich fürs Leben lernen. Fischer, Berlin.

Rogers, Carl (1983): Der neue Mensch. Klett-Cotta[7], Stuttgart.

Rosenberg, Marshall B. (2002): Gewaltfreie Kommunikation. Junfermann, Paderborn.

Roth, Gerhard (2011): Bildung braucht Persönlichkeit. Wie Lernen gelingt. Klett-Cotta, Stuttgart.

von Schlippe, Arist und Haim Omer (2006): Autorität durch Beziehung. Die Praxis des gewaltlosen Widerstands in der Erziehung. Vandenhoeck & Ruprecht, Göttingen.

von Schlippe, Arist und Haim Omer (2006): Autorität ohne Gewalt. Coaching für Eltern von Kindern mit Verhaltensproblemen „Elterliche Präsenz als systemisches Konzept". Vandenhoeck & Ruprecht[5], Göttingen.

Schratz, Michael: Skript Hauptvortrag, Oberbayerischer Lehrertag. 21.11.2012, Fürstenfeld.

Sölle, Dorothee(1977): Die Hinreise. Zur religiösen Erfahrung Texte und Überlegungen. Kreuz[4], Stuttgart.

Sölle, Dorothee(1973): Leiden. Annehmen und widerstehen. Herder, Freiburg i. Breisgau.

Spitzer, Manfred (2005): Nervensachen - Geschichten vom Gehirn. Suhrkamp, Frankfurt am Main.

Spitzer, Manfred (2002): Lernen. Gehirnforschung und die Schule des Lebens. Spektrum, Heidelberg.

Strauch, Barbara (2003): Warum sie so seltsam sind. Gehirnentwicklung bei Teenagern. Berlin Verlag, Berlin.

Thich Nhat Hanh (2009): Das Wunder des bewussten Atmens. Theseus, Berlin.

Thich Nhat Hanh (2010): Das Wunder der Achtsamkeit. Theseus, Berlin.

Tolle, Eckhart (2005): Eine neue Erde. Bewusstseinssprung anstelle von Selbstzerstörung. Goldmann Arkane[10], München.

UN-Konvention über die Rechte von Menschen mit Behinderung: „Gesetz zu dem Übereinkommen der Vereinten Nationen vom 13. Dezember 2006 über die Rechte von Menschen mit Behinderungen sowie zu dem Fakultativprotokoll vom 13. Dezember 2006 zum Übereinkommen der Vereinten Nationen über die Rechte von Menschen mit Behinderungen". In Deutschland in Kraft seit dem 26.3.2009.

Ulich, Klaus (2001): Einführung in die Sozialpsychologie. Beltz, Weinheim und Basel.

Ulich, Klaus (1993): Schule als Familienproblem: Konfliktfelder zwischen Schülern, Eltern und Lehrern. Fischer[2], Frankfurt

Vilmar, Gerhard (2011): Beziehungsschule. BoD, Norderstedt.

Vilmar, Gerhard (2010): Der Mental-Coach. BoD. Norderstedt.

Wagenhofer, Erwin/ Kriechbaum, Sabine/ Stern, André (2013): alphabet. Angst oder Liebe. Buch, Ecowin, Salzburg und DVD.

Wallace, David Foster (2014): Das hier ist Wasser/ This Is Water. Anstiftung zum Denken. Zweisprachig. Kiepenheuer & Witsch[12], Köln.

Walsch, Neale Donald (1998): Gespräche mit Gott, Band 2, Goldmann, München.

Wind, Renate (2013): Grenzenlos glücklich – absolut furchtlos – immer in Schwierigkeiten. Dorothee Sölle. Gütersloher Verlagshaus.

Winterhoff, Michael (2008): Warum unsere Kinder Tyrannen werden. Oder: Die Abschaffung der Kindheit. Gütersloher Verlagshaus, Gütersloh.

Zech, Rainer (Hrsg.) (2004): Qualität durch Reflexivität: Lernorientierte Qualitätsentwicklung in der Praxis. Aus der Schriftenreihe für kritische Sozialforschung und Bildungsarbeit Band 10, Expressum, Hannover.

Online:

Aktive Projekt-Schule: www.aktive-projektschule.de, eingesehen am 05.07.2016

Aktive Schule Petershausen:
http://freilernen.com/images/pdfs/konzept-16-11-09.pdf, eingesehen am 01.03.2015

Berg Fidel Grundschule - http://www.ggs-bergfidel.de/ vom 01.05.2015

Blick über den Zaun: www.blickueberdenzaun.de eingesehen am 30.04.2015

Comenius, Johann Amos:
http://de.wikipedia.org/wiki/Johann_Amos_Comenius#Ansichten eingesehen am 30.04.2015

Dewey, John: http://de.wikipedia.org/wiki/John_Dewey eingesehen am 30.04.2015

Fortschritt Rosenheim e.V.: www.fortschritt-rosenheim.de eingesehen am 30.04.2015

Frey, Karl: http://www.media-edu.org/projektmethode.htm eingesehen am 30.04.2015

Juul, Jesper: http://de.wikipedia.org/wiki/Jesper_Juul eingesehen am 30.04.2015

Konduktive Förderung nach Petö:
http://de.wikipedia.org/wiki/Konduktive_Förderung_nach_Petö, eingesehen am 01.05.2015

Kumon, Toru: http://de.wikipedia.org/wiki/Kumon eingesehen am 30.04.2015

Lehrplan für die bayerische Haupt- und Mittelschule, gültig seit
07.07.2004 Bayerisches Staatsministerium für Unterricht und Kultus.
München. (Gesamtlehrpläne):
http://www.isb.bayern.de/mittelschule/lehrplan/mittelschule/ und
http://www.isb.bayern.de/mittelschule/lehrplan/mittelschule-m-zug/
zuletzt eingesehen am 06.05.2015

http://www.sonderpaedagogik-k.uni-wuerzburg.
de/fileadmin/06040400/downloads/sopaed2_200907xx_forschungsber
icht.pdf, eingesehen am 29.04.2015

Merkelbach, Valentin (2009): Gemeinsames Lernen von behinderten
und nichtbehinderten Kindern und Jugendlichen. http://user.uni-
frankfurt.de/~merkelba/konvention.htm, eingesehen am 01.05.2015

Montessori, Maria: http://de.wikipedia.org/wiki/Maria_Montessori
vom 28.04.2015

Partizipation: http://www.kinder-
beteiligen.de/dnld/philosophieundpadagogikderpartizipation.pdf vom
11.08.2015

Private Grundschule Oberaudorf-Inntal: http://www.private-
grundschule-oberaudorf-inntal.de/, eingesehen am 01.05.2015

Sander, Alfred (2001): Von der integrativen zur inklusiven Bildung.
Internationaler Stand und Konsequenzen für die sonderpädagogische
Förderung in Deutschland., http://bidok.uibk.ac.at/library/sander-
inklusion.html#id3187780, eingesehen am 29.04.2015

Schulen der Zukunft: www.schulen-der-zukunft.org, eingesehen am
15.08.2015

TZI (Themenzentrierte Interaktion):
http://de.wikipedia.org/wiki/Themenzentrierte_Interaktion, eingesehen am 29.04.2015

Volksschulverordnung – VSO: Schulordnung für die Grundschulen und
Hauptschulen (Volksschulen) in Bayern (Volksschulordnung - VSO).
Vom 11. September 2008. Fundstelle: GVBl 2008, S. 684. Stand: letzte
berücksichtigte Änderung: mehrfach geänd. (V v. 2.9.2012, 453).
http://www.gesetze-
bayern.de/jportal/portal/page/bsbayprod.psml?showdoccase=
1&doc.id=jlr-VoSchulOBY2008V8Anlage2&doc.part=
X&doc.origin=bs, eingesehen am 01.05.2015

16. Dank

Das vorliegende Konzept und die bisherige APS-Schulentwicklung entstanden vor allem unter Mitwirkung der unten genannten kreativen und streitbaren Denker und Pädagogen.

Ihnen und meiner Familie gilt mein besonderer Dank für ihre Geduld und ihre Offenheit, Wesentliches kritisch zu hinterfragen, als auch ihre stete Ermutigung, gemeinsam mit anderen das scheinbar Unmögliche zu wagen.

Antje Eierle
Lehrerin für Grundschulen, ev. Religionslehrerin, Konrektorin einer Grundschule - Inhaltliche *Beratung und Korrektur*

Maria und Rudolf Finsterwalder
Architekten, Dozenten und Performer - *Gebäudeberatung, Inhaltliche Mitwirkung beim Gebäude- und Raumkonzept*

Detlef Gaida
Soziologe und Leiter eines Legasthenie- und Lerninstituts, Vorstand des Fördervereins - *Inhaltliche Mitwirkung bei der Schulgründung*

Regina Georg
Religionspädagogin, Gemeindereferentin - *Lernbegleitung und Mitwirkung am evangelischen Profil*

Klaus Huber
Seminarrektor für Haupt-/ Mittelschulen
Inhaltliche Beratung und Korrektur

Richard Kröff und Team
Architekt – *fachliche Begleitung und Bauplanung*

Gabriele und Harald Oberrenner
Pfarrsekretärin und kirchlicher Verwaltungsdirektor a.D.
Korrektur, fachliche Beratung und Mitwirkung bei der Schulgründung

Alexandra Palesch
Architektin und Dozentin- *Inhaltliche Mitwirkung und Ausgestaltung des Gebäude- und Raumkonzeptes*

Ronja Photiadis
Auszubildende im Modebereich
Lernbegleiter-Assistenz der Schnuppertage, Logo-Entwicklung

Sabine Rechmann
Rechtsanwältin/Mediatorin - *Rechtliche Beratung und Begleitung*

Kathrin Schneider
Qualitätsmanagerin- *Begleitung, Dokumentation und Evaluation der ersten APS-Schnuppertage, IT-Qualitätsmanagement der APS*

Norbert Thomas
Dipl. Sozialarbeiter (FH), Internatsleiter, Vorstand des Fördervereins - *Inhaltliche Beratung, Mitwirkung und unermüdlicher Beistand*

Verena Schubert
Regionalwissenschaftlerin, Fachfrau Offene Ganztagsschule
Inhaltliche Mitwirkung beim Folder, Lernbegleitung

Markus Stilz
Performer, Schriftführer und Kassier des evangelischen Schulver-
eins Rosenheim e.V.- *Beratung und Mitwirkung bei der Finanzierung, Gebäudeauswahl und Schulgründung*

Gerhard Vilmar
Arzt, Psychotherapeut und Coach - *Inhaltliche Mitwirkung bei der Einleitung und Gründungsberatung*

Magdalena Wöckel
Fachlehrerin für Werken/Textiles/Gestalten, Hauswirtschaft und
boZ Soziales und Wirtschaft, Montessori-Diplom, 2. Vorsitzende
des Evangelischen Schulvereins Rosenheim e.V.
Inhaltliche Beratung hinsichtlich boZ-Fachunterricht und fächerübergreifender Vernetzung der ergebnisorientierten Projekte, Teilhabe und Mitwirkung bei den Lernbegleitermodulen

17. Zur Autorin

Angelika Thomas-Photiadis, geboren 1966, ist in zweiter Ehe glücklich verheiratet und hat drei Töchter.

Als Jugendliche selbst im Gymnasium wiederholt mit Denkblockaden, Prüfungsängsten und Schulversagenserfahrungen bereichert, studiert sie nach dem externen Fachabitur *Sozialpädagogik* in Nürnberg und nach fünf Jahren Berufserfahrung im Jugendamt, *Bildungsmanagement mit Betriebswirtschaft und Organisations- und Personalentwicklung* als Aufbaustudium.

In den folgenden Jahren ist sie sowohl als selbstständige Beraterin und Führungskräftetrainerin in Profit- und Non-Profit-Organisationen, als auch in Schulen als externe Projektleitung mit dem Schwerpunkt *Gewalt- und Suchtprävention* tätig.

Die Erfahrungen in den verschiedenen Schularten bestärken sie, nebenberuflich noch ein weiteres Studium - das Lehramtsstudium - aufzunehmen.

Das Hauptfach *Evangelische Theologie* wählt sie bewusst für eine intensive Auseinandersetzung mit dem Gottesglauben und dem Christsein, nachdem sie selbst als junge Frau über Jahre aus der Kirche ausgetreten war.

Parallel absolviert Thomas-Photiadis das nationale *Montessori-Diplom* in Traunstein.

Als Jahrgangsbeste im Seminar entscheidet sie sich nach dem zweiten Staatsexamen gegen die Verbeamtung und für die Mitarbeit an einer privaten Montessorischule in Oberbayern.

Hier bereitet sie Jugendliche der Oberstufe auf die anstehenden externen Prüfungen vor und erlebt auch hier, dass die begeisterten Jugendlichen im Rahmen von Projekten zu besonderen Leistungen fähig sind, die sich tief in deren Herz einprägen.

Daher entschließt sich die Pädagogin und Organisations- und Personalentwicklerin Mitte 2012 für die Entwicklung und Realisierung eines neuen schulischen Angebotes.

Zur Vorbereitung auf eine gelingende Schulgründung, sammelt sie in 2013 praktische Erfahrungen beim Aufbau einer inklusiven privaten Grundschule mit konduktiver Förderung.

In 2014 vertieft sie ihre Erfahrungen bezüglich *Inklusion* sowohl in der Zusammenarbeit mit Jugendlichen mit erhöhtem Förderbedarf in der sozialen und emotionalen Entwicklung, als auch mit unbegleiteten minderjährigen Flüchtlingen, die sie sowohl auf den qualifizierenden Hauptschulabschluss als auch auf den Mittleren Bildungsabschluss vorbereitet.

Seit 2012 ist sie koordinierender Vorstand im Verein *Aktive Projekt-Schule Rosenheim und Umgebung e.V.* und seit Juli 2015 erste Vorsitzende des *Evangelischen Schulvereins Rosenheim e.V.*

Da das Ihnen vorliegende Konzept-Buch immer wieder aktualisiert wird, schleichen sich weiterhin Schreib- oder Ausdrucksfehler ein. Wenn Sie solche entdeckt haben, freut sich die Autorin über Ihre Rückmeldung:

Angelika Thomas-Photiadis
Email   a.thomas@aktive-projektschule.de
Fon   +49 (0) 152 2877 1828

Der Erlös dieser Auflage geht wie bisher an den gemeinnützigen Verein *Aktive Projekt-Schule Rosenheim und Umgebung e.V.*

Näheres unter: www.aktive-projektschule.de